Ligados.com

Ciências, História e Geografia

1

Maíra Rosa Carnevalle / Ciências
Bacharel e licenciada em Ciências Biológicas pela Universidade Federal de São Carlos (UFSCar)
Autora de livros didáticos

Leylah de Carvalhaes / História
Bacharel e licenciada em Pedagogia pela Pontifícia Universidade Católica de São Paulo (PUC-SP)
Orientadora e coordenadora pedagógica de Educação Infantil e do Ensino Fundamental

Regina Nogueira Borella / História
Bacharel em Psicologia pela Pontifícia Universidade Católica de São Paulo (PUC-SP)
Coordenadora educacional e pedagógica de Educação Infantil e Ensino Fundamental

Angela Rama / Geografia
Mestre em Geografia pela Universidade de São Paulo (USP)
Bacharel e licenciada em Geografia pela Universidade de São Paulo (USP)
Professora das redes particular e pública de ensino

Marcelo Moraes Paula / Geografia
Bacharel e licenciado em Geografia pela Universidade de São Paulo (USP)
Professor das redes particular e pública de ensino

Editora Saraiva

Dados Internacionais de Catalogação na Publicação (CIP)
(Câmara Brasileira do Livro, SP, Brasil)

Ligados.com : ciências, história, geografia, 1º ano /
Angela Rama...[et al.]. – 1. ed. – São Paulo : Saraiva, 2015.

Outros autores: Maíra Rosa Carnevalle, Leylah de Carvalhaes,
Regina Nogueira Borella, Marcelo Moraes Paula

Suplementado pelo manual do professor.
Bibliografia
ISBN 978-85-02-62997-4 (aluno)
ISBN 978-85-02-62998-1 (professor)

1. Ciências (Ensino fundamental) 2. História (Ensino fundamental)
3. Geografia (Ensino fundamental) I. Carnevalle, Maíra Rosa.
II. Carvalhaes, Leylah de. III. Borella, Regina Nogueira. IV. Rama, Angela.
V. Paula, Marcelo Moraes.

15-02574 CDD-372.19

Índices para catálogo sistemático:
1. Ensino integrado: Livros-texto : Ensino fundamental 372.19

Gerente editorial	M. Esther Nejm
Editor responsável	Luciana Leopoldino
Editores	Luciana Nicoleti, Edgar Costa Silva
Coordenador de revisão	Camila Christi Gazzani
Revisores	Adele de Moura, Ana Lúcia Mendes, Márcia Pessoa, Maria Luiza Simões, Ricardo Miyake
Coordenador de iconografia	Cristina Akisino
Pesquisa iconográfica	Roberto Silva
Licenciamento de textos	Érica Brambila
Gerente de artes	Ricardo Borges
Coordenador de artes	Aderson Assis de Oliveira
Design	Homem de Melo & Troia Design
Capa	Luis Vassallo com imagem de Cindy Wilde/ Advocate Art
Diagramação	Josiane Batista e Edilson Pauliuk
Ilustrações	AMJ Studio, Adolar, Biry Sarkis, Camila Sampaio, Dawidson França, Diogo Viegas, Edson Farias, Eduardo Medeiros, Estúdio Chanceler, Fabio Eugenio, Giz de Cera, Hagaquezart Estúdio, Hélio Senatore, Ilustra Cartoon, Jorge Zaiba, Jótah, Luis Matuto, Naomy Kuroda, Paulo Manzi, Petra Elster, PriWi, Quanta Estúdio, Renata Chabetai, Valentim Keppk, Vanessa Alexandre, Wilson Jorge Filho, Zubartez
Tratamento de imagens	Emerson de Lima
Produtor gráfico	Robson Cacau Alves
Impressão e acabamento	Bercrom Gráfica e Editora

568.975.001.004

Nos livros desta coleção são sugeridos vários experimentos. Foram selecionados experimentos seguros, que não oferecem riscos ao aluno. Ainda assim, recomendamos que professores, pais ou responsáveis acompanhem sua realização atentamente.

Editora Saraiva

SAC 0800-0117875
De 2ª a 6ª, das 8h30 às 19h30
www.editorasaraiva.com.br/contato

Avenida das Nações Unidas, 7221 – 1º Andar – Setor C – Pinheiros – CEP 05425-902

UNIDADE 1

A NATUREZA

VISTA DA BAÍA DOS PORCOS, EM FERNANDO DE NORONHA, PERNAMBUCO. NA FOTOGRAFIA MENOR, UMA PESQUISADORA OBSERVA UM MACACO.

CONVERSE COM OS COLEGAS E FAÇA AS ATIVIDADES.

1. NA FOTOGRAFIA MAIOR, VOCÊ PODE VER A NATUREZA. FAÇA UM **X** NO QUE DEVE EXISTIR NESSE LUGAR.

☐ ÁGUA. ☐ AR. ☐ ANIMAIS.
☐ PLANTAS. ☐ ROCHAS. ☐ SOL.

2. O SER HUMANO FAZ PARTE DA NATUREZA? ORAL

UNIDADE

SEU LIVRO TEM NOVE UNIDADES. AS PÁGINAS DE ABERTURA INTRODUZEM O TRABALHO QUE SERÁ DESENVOLVIDO EM CADA UNIDADE. NELAS, VOCÊ É CONVIDADO A OBSERVAR OS ELEMENTOS DA IMAGEM E RELACIONÁ-LOS COM SEUS CONHECIMENTOS SOBRE O TEMA OU COM SEU DIA A DIA.

OS **SERES VIVOS** SÃO AQUELES QUE TÊM VIDA. OS ANIMAIS E AS PLANTAS SÃO SERES VIVOS. ELES NASCEM, CRESCEM E MORREM.

OS SERES VIVOS TAMBÉM SE **REPRODUZEM**. ISSO QUER DIZER QUE ELES PODEM GERAR OUTROS SERES PARECIDOS COM ELES.

EXISTEM SERES VIVOS EM QUASE TODOS OS LUGARES DO MUNDO. ALGUNS SÃO MUITO PEQUENOS, COMO AS BACTÉRIAS, QUE SÓ PODEM SER VISTAS COM A AJUDA DE MICROSCÓPIOS.

MICROSCÓPIO: APARELHO UTILIZADO PARA AMPLIAR A IMAGEM DE OBJETOS PEQUENOS.

AS BACTÉRIAS PODEM SER VISTAS COM A AJUDA DE UM MICROSCÓPIO. (AMPLIAÇÃO: 16 MIL VEZES.)

HÁ ELEMENTOS DA NATUREZA QUE NÃO TÊM VIDA, COMO A ÁGUA, O AR E AS ROCHAS. ELES SÃO CHAMADOS **ELEMENTOS NÃO VIVOS**.

2. QUE ELEMENTOS NÃO VIVOS APARECEM NAS FOTOGRAFIAS DAS PÁGINAS 10 E 11? ORAL

15

GLOSSÁRIO

ALGUMAS EXPRESSÕES OU TERMOS CONSIDERADOS MAIS COMPLEXOS SÃO EXPLICADOS PRÓXIMO DO TEXTO CORRESPONDENTE.

GENTE QUE FAZ!

NESTA SEÇÃO, VOCÊ PÕE EM PRÁTICA O QUE APRENDEU NA UNIDADE, EXERCITANDO SUA CRIATIVIDADE E HABILIDADE, INDIVIDUALMENTE OU EM GRUPO.

GENTE QUE FAZ!

OBSERVANDO NOSSO AMBIENTE

PARA CUIDAR DO AMBIENTE, NÃO PRECISAMOS IR LONGE.

1 OBSERVE AO SEU REDOR E MARQUE UM **X** EM **SIM** OU **NÃO** PARA CADA PERGUNTA.

A) EM SUA MORADIA, SEUS PERTENCES ESTÃO BEM ORGANIZADOS E CONSERVADOS? ☐ SIM. ☐ NÃO.

B) NA ESCOLA, VOCÊ MANTÉM O AMBIENTE LIMPO, AS CARTEIRAS ORGANIZADAS E OS MATERIAIS ARRUMADOS? ☐ SIM. ☐ NÃO.

C) SE TIVER PLANTAS OU ANIMAIS EM CASA, ELES SÃO TRATADOS COM CARINHO E ATENÇÃO? ☐ SIM. ☐ NÃO.

D) NA RUA, VOCÊ JOGA O LIXO NAS LIXEIRAS? ☐ SIM. ☐ NÃO.

E) COSTUMA TOMAR CUIDADO COM O QUE É DE TODOS, COMO JARDINS E PRAÇAS? ☐ SIM. ☐ NÃO.

18

3. LIGUE AO PRATO DO MENINO OS ALIMENTOS CONSIDERADOS MAIS SAUDÁVEIS.

BOLINHO DE CARNE — ARROZ COM FEIJÃO — SALADA MISTA — BATATA FRITA — CACHORRO-QUENTE — FRANGO ASSADO

- CIRCULE A MELHOR OPÇÃO DE BEBIDA PARA ACOMPANHAR A REFEIÇÃO SAUDÁVEL QUE VOCÊ ACABOU DE MONTAR.

SUCO DE LARANJA — REFRIGERANTE

AMPLIANDO HORIZONTES...

LIVRO

MINHA FAMÍLIA É COLORIDA, DE GEORGINA MARTINS, SM.
A FAMÍLIA DE ÂNGELO TEM PESSOAS MUITO DIFERENTES, MAS EM COMUM EXISTE O AMOR ENTRE TODOS.

45

AMPLIANDO HORIZONTES...

CADA UNIDADE APRESENTA SUGESTÕES DE LIVROS, REVISTAS, MÚSICAS, FILMES OU *SITES* QUE PERMITEM ENRIQUECER OU AMPLIAR OS ASSUNTOS ABORDADOS.

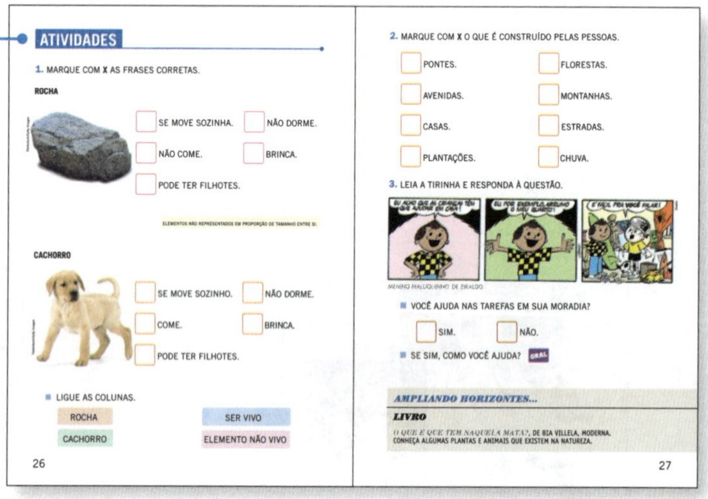

ATIVIDADES

1. MARQUE COM **X** AS FRASES CORRETAS.

ROCHA

☐ SE MOVE SOZINHA. ☐ NÃO DORME.
☐ NÃO COME. ☐ BRINCA.
☐ PODE TER FILHOTES.

ELEMENTOS NÃO REPRESENTADOS EM PROPORÇÃO DE TAMANHO ENTRE SI.

CACHORRO

☐ SE MOVE SOZINHO. ☐ NÃO DORME.
☐ COME. ☐ BRINCA.
☐ PODE TER FILHOTES.

- LIGUE AS COLUNAS.

ROCHA	SER VIVO
CACHORRO	ELEMENTO NÃO VIVO

26

2. MARQUE COM **X** O QUE É CONSTRUÍDO PELAS PESSOAS.

☐ PONTES. ☐ FLORESTAS.
☐ AVENIDAS. ☐ MONTANHAS.
☐ CASAS. ☐ ESTRADAS.
☐ PLANTAÇÕES. ☐ CHUVA.

3. LEIA A TIRINHA E RESPONDA À QUESTÃO.

MENINO MALUQUINHO, DE ZIRALDO

- VOCÊ AJUDA NAS TAREFAS EM SUA MORADIA?

☐ SIM. ☐ NÃO.

- SE SIM, COMO VOCÊ AJUDA? ORAL

AMPLIANDO HORIZONTES...

LIVRO

O QUE É QUE TEM NAQUELA MATA?, DE BIA VILLELA, MODERNA.
CONHEÇA ALGUMAS PLANTAS E ANIMAIS QUE EXISTEM NA NATUREZA.

27

ATIVIDADES

AS ATIVIDADES VÃO AJUDAR VOCÊ A RETOMAR E AMPLIAR OS PRINCIPAIS ASSUNTOS ESTUDADOS NA UNIDADE.

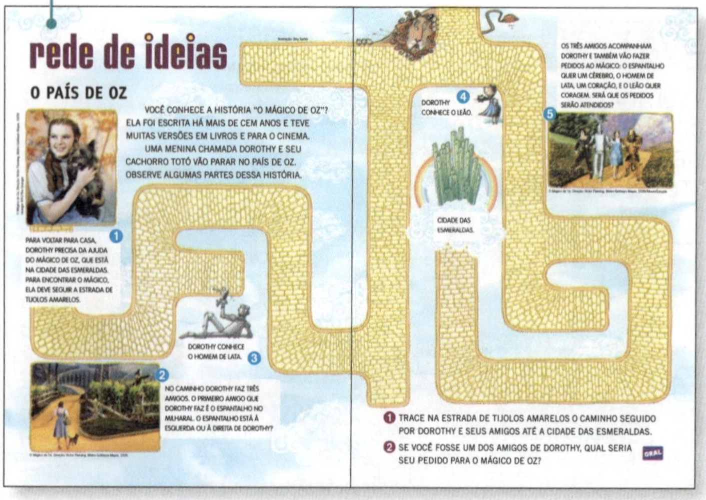

rede de ideias

O PAÍS DE OZ

VOCÊ CONHECE A HISTÓRIA "O MÁGICO DE OZ"? ELA FOI ESCRITA HÁ MAIS DE CEM ANOS E TEVE MUITAS VERSÕES EM LIVROS E PARA O CINEMA.

UMA MENINA CHAMADA DOROTHY E SEU CACHORRO TOTÓ VÃO PARAR NO PAÍS DE OZ. OBSERVE ALGUMAS PARTES DESSA HISTÓRIA.

1 PARA VOLTAR PARA CASA, DOROTHY PRECISA DA AJUDA DO MÁGICO DE OZ, QUE ESTÁ NA CIDADE DAS ESMERALDAS. PARA ENCONTRAR O MÁGICO, ELA DEVE SEGUIR A ESTRADA DE TIJOLOS AMARELOS.

2 NO CAMINHO DOROTHY FAZ TRÊS AMIGOS. O PRIMEIRO AMIGO QUE DOROTHY FAZ É O ESPANTALHO NO MILHARAL. O ESPANTALHO ESTÁ À ESQUERDA OU À DIREITA DE DOROTHY?

3 DOROTHY CONHECE O HOMEM DE LATA.

4 DOROTHY CONHECE O LEÃO.

CIDADE DAS ESMERALDAS.

5 OS TRÊS AMIGOS ACOMPANHAM DOROTHY E TAMBÉM VÃO FAZER PEDIDOS AO MÁGICO: O ESPANTALHO QUER UM CÉREBRO, O HOMEM DE LATA, UM CORAÇÃO, E O LEÃO QUER CORAGEM. SERÁ QUE OS PEDIDOS SERÃO ATENDIDOS?

1. TRACE NA ESTRADA DE TIJOLOS AMARELOS O CAMINHO SEGUIDO POR DOROTHY E SEUS AMIGOS ATÉ A CIDADE DAS ESMERALDAS.
2. SE VOCÊ FOSSE UM DOS AMIGOS DE DOROTHY, QUAL SERIA SEU PEDIDO PARA O MÁGICO DE OZ? ORAL

REDE DE IDEIAS

ESTA SEÇÃO RETOMA CONCEITOS TRABALHADOS NA UNIDADE E OS DESENVOLVE EM CONEXÃO COM OUTRAS ÁREAS DO SABER.

QUAL É A PEGADA?

NESTA SEÇÃO VOCÊ VAI PERCEBER QUE ATITUDES NO DIA A DIA PODEM AJUDAR A PRESERVAR O LUGAR EM QUE VIVEMOS E CONSTRUIR UM FUTURO MELHOR. VOCÊ TAMBÉM VAI REFLETIR SOBRE VALORES E ATITUDES QUE CONTRIBUEM PARA SUA FORMAÇÃO COMO CIDADÃO.

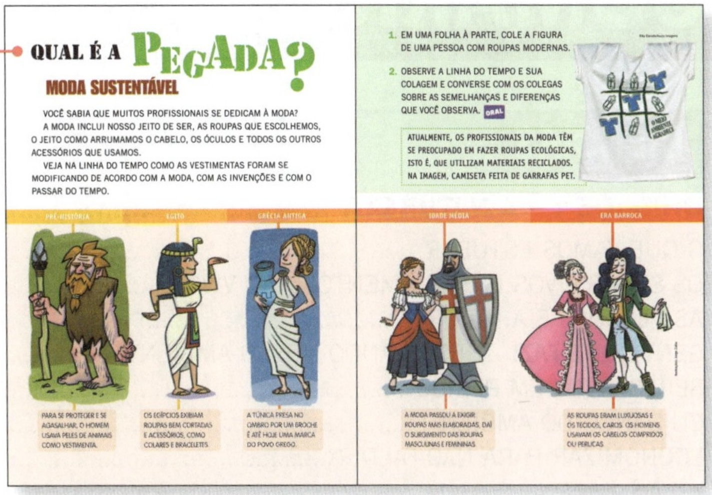

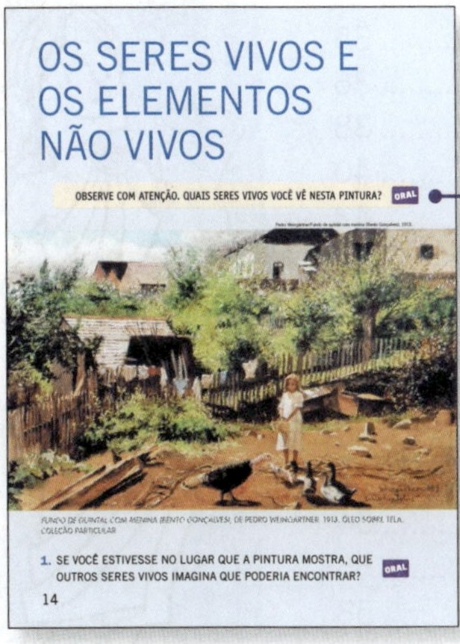

SIGNIFICADO DOS ÍCONES

AO LONGO DO LIVRO, VOCÊ VAI SER CONVIDADO A REALIZAR VÁRIAS ATIVIDADES. EM ALGUMAS DELAS, FIQUE ATENTO ÀS ORIENTAÇÕES DADAS POR ESTES ÍCONES:

ORAL | DUPLA | GRUPO | COLE | RECORTE E COLE

MATERIAL COMPLEMENTAR E ADESIVOS

O FINAL DO LIVRO TRAZ UM ENCARTE COM FICHAS, IMAGENS E TABULEIROS DE JOGOS PARA SEREM DESTACADOS E UTILIZADOS EM ALGUMAS ATIVIDADES.

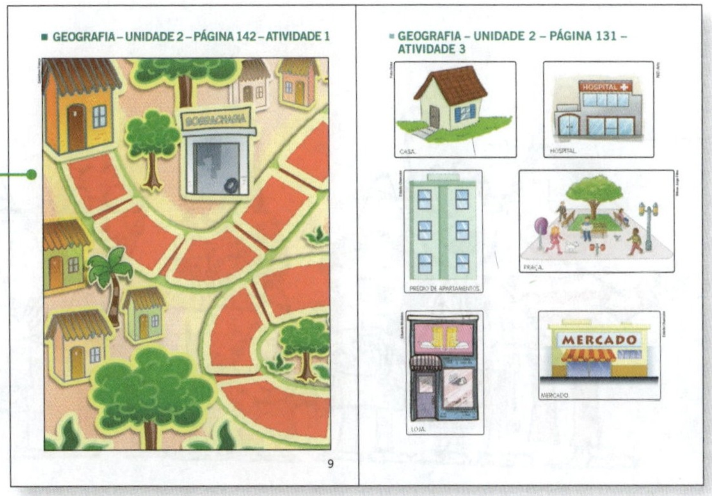

CIÊNCIAS

Jorge Zaiba

Biry Sarkis

HISTÓRIA

GEOGRAFIA

Estúdio Chanceler

Ligados.com

Ciências

Maíra Rosa Carnevalle

UNIDADE 1
A NATUREZA

UNIDADE 2
O SER HUMANO E A SAÚDE

UNIDADE 3
O QUE HÁ NA TERRA E NO CÉU

Biry Sarkis

A NATUREZA

VISTA DA BAÍA DOS PORCOS, EM FERNANDO DE NORONHA, PERNAMBUCO. NA FOTOGRAFIA MENOR, UMA PESQUISADORA OBSERVA UM MACACO.

CONVERSE COM OS COLEGAS E FAÇA AS ATIVIDADES.

1. NA FOTOGRAFIA MAIOR, VOCÊ PODE VER A NATUREZA. FAÇA UM **X** NO QUE DEVE EXISTIR NESSE LUGAR.

☐ ÁGUA. ☐ AR. ☐ ANIMAIS.

☐ PLANTAS. ☐ ROCHAS. ☐ SOL.

2. O SER HUMANO FAZ PARTE DA NATUREZA? ORAL

O QUE VAMOS ESTUDAR

O QUE VOCÊ ACHA QUE VAMOS ESTUDAR EM CIÊNCIAS? ORAL

1. FAÇA UM DESENHO OU RECORTE E COLE FIGURAS QUE REPRESENTEM A NATUREZA. RECORTE E COLE

2. FAÇA UM **X** NOS ASSUNTOS QUE SÃO ESTUDADOS EM CIÊNCIAS.

Thinkstock/Getty Images

☐ A VIDA DOS ANIMAIS, DAS PLANTAS E DE OUTROS SERES VIVOS.

Thinkstock/Getty Images

☐ OS OBJETOS E OS MATERIAIS DE QUE SÃO FEITOS.

Thinkstock/Getty Images

☐ O CORPO HUMANO E OS CUIDADOS COM A SAÚDE.

Thinkstock/Getty Images

☐ O CÉU E SEUS ASTROS.

Thinkstock/Getty Images

☐ AS CARACTERÍSTICAS DA ÁGUA, DO SOLO E DO AR.

Fernando Favoretto/Criar Imagem

☐ A NATUREZA E OS CUIDADOS QUE DEVEMOS TER COM ELA.

OS SERES VIVOS E OS ELEMENTOS NÃO VIVOS

OBSERVE COM ATENÇÃO. QUAIS SERES VIVOS VOCÊ VÊ NESTA PINTURA? ORAL

Pedro Weingärtner/Fundo de quintal com menina (Bento Gonçalves), 1913.

FUNDO DE QUINTAL COM MENINA (BENTO GONÇALVES), DE PEDRO WEINGÄRTNER, 1913. ÓLEO SOBRE TELA. COLEÇÃO PARTICULAR.

1. SE VOCÊ ESTIVESSE NO LUGAR QUE A PINTURA MOSTRA, QUE OUTROS SERES VIVOS IMAGINA QUE PODERIA ENCONTRAR? ORAL

OS **SERES VIVOS** SÃO AQUELES QUE TÊM VIDA. OS ANIMAIS E AS PLANTAS SÃO SERES VIVOS. ELES NASCEM, CRESCEM E MORREM.

OS SERES VIVOS TAMBÉM SE **REPRODUZEM**. ISSO QUER DIZER QUE ELES PODEM GERAR OUTROS SERES PARECIDOS COM ELES.

EXISTEM SERES VIVOS EM QUASE TODOS OS LUGARES DO MUNDO. ALGUNS SÃO MUITO PEQUENOS, COMO AS BACTÉRIAS, QUE SÓ PODEM SER VISTAS COM A AJUDA DE MICROSCÓPIOS.

Thinkstock/Getty Images

MICROSCÓPIO: APARELHO UTILIZADO PARA AMPLIAR A IMAGEM DE OBJETOS PEQUENOS.

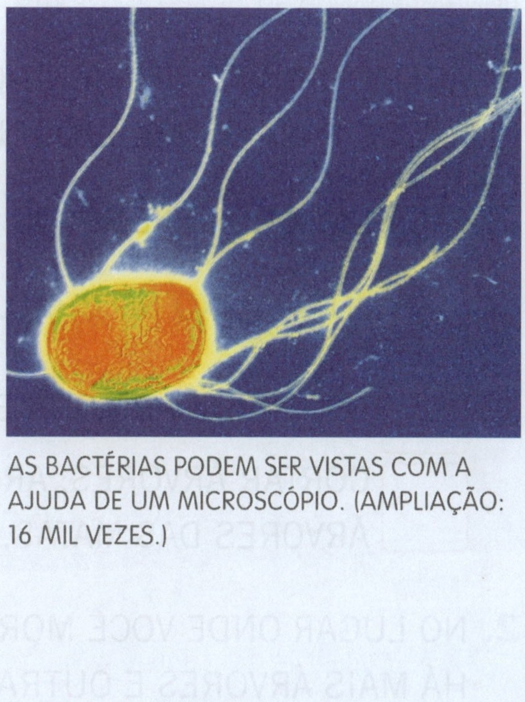

SPL/Latinstock

AS BACTÉRIAS PODEM SER VISTAS COM A AJUDA DE UM MICROSCÓPIO. (AMPLIAÇÃO: 16 MIL VEZES.)

HÁ ELEMENTOS DA NATUREZA QUE NÃO TÊM VIDA, COMO A ÁGUA, O AR E AS ROCHAS. ELES SÃO CHAMADOS **ELEMENTOS NÃO VIVOS**.

2. QUE ELEMENTOS NÃO VIVOS APARECEM NAS FOTOGRAFIAS DAS PÁGINAS 10 E 11? ORAL

AS PESSOAS E A NATUREZA

ACOMPANHE A LEITURA COM O PROFESSOR.

TIRINHA *ARMANDINHO*, DE ALEXANDRE BECK.

ARMANDINHO É UM MENINO QUE GOSTA DE CUIDAR DA NATUREZA. ELE PEDE PARA OS ADULTOS NÃO DESTRUÍREM O AMBIENTE.

1. FAÇA UM **X** NOS EXEMPLOS DE ATITUDES RUINS PARA A NATUREZA.

- [ ] JOGAR LIXO NO CHÃO.
- [ ] DESPERDIÇAR ÁGUA EM CASA.
- [ ] CORTAR ÁRVORES, ARRANCAR PLANTAS OU GALHOS DE ÁRVORES DAS MATAS.

2. NO LUGAR ONDE VOCÊ MORA HÁ MUITOS PRÉDIOS E CASAS OU HÁ MAIS ÁRVORES E OUTRAS PLANTAS? **ORAL**

AS PESSOAS MODIFICAM A NATUREZA POR DIVERSOS MOTIVOS:

- PARA CONSTRUIR CIDADES E ESTRADAS;
- PARA CULTIVAR PLANTAS E CRIAR ANIMAIS;
- PARA RETIRAR ÁGUA, MADEIRA E ROCHAS.

3. DESTAQUE AS FOTOGRAFIAS DA PÁGINA 31 DO **MATERIAL COMPLEMENTAR** E COLE NO LUGAR CORRETO.

COLE

AMBIENTE NATURAL

AMBIENTE MODIFICADO PELO SER HUMANO

TODOS OS SERES VIVOS MODIFICAM A NATUREZA. UM ANIMAL, AO CAVAR SUA TOCA, FAZ UM BURACO NO CHÃO. AS PESSOAS, AO CONSTRUÍREM SUAS CASAS, MUDAM O LUGAR ONDE VIVEM.

MUITAS AÇÕES DAS PESSOAS FAZEM MAL AO AMBIENTE. JOGAR LIXO NOS RIOS, POR EXEMPLO, PODE POLUIR SUA ÁGUA.

GENTE QUE FAZ!

OBSERVANDO NOSSO AMBIENTE

PARA CUIDAR DO AMBIENTE, NÃO PRECISAMOS IR LONGE.

1 OBSERVE AO SEU REDOR E MARQUE UM **X** EM **SIM** OU **NÃO** PARA CADA PERGUNTA.

A) EM SUA MORADIA, SEUS PERTENCES ESTÃO BEM ORGANIZADOS E CONSERVADOS?

☐ SIM. ☐ NÃO.

Edson Farias

B) NA ESCOLA, VOCÊ MANTÉM O AMBIENTE LIMPO, AS CARTEIRAS ORGANIZADAS E OS MATERIAIS ARRUMADOS?

☐ SIM. ☐ NÃO.

C) SE TIVER PLANTAS OU ANIMAIS EM CASA, ELES SÃO TRATADOS COM CARINHO E ATENÇÃO?

☐ SIM. ☐ NÃO.

D) NA RUA, VOCÊ JOGA O LIXO NAS LIXEIRAS?

☐ SIM. ☐ NÃO.

E) COSTUMA TOMAR CUIDADO COM O QUE É DE TODOS, COMO JARDINS E PRAÇAS?

☐ SIM. ☐ NÃO.

2. SAIA PARA UM PASSEIO PELA ESCOLA OU PELA RUA ONDE MORA. DESENHE ALGO QUE TENHA OBSERVADO E QUE SEJA BOM PARA A NATUREZA. MOSTRE SEU DESENHO PARA A TURMA.

SERES VIVOS EM PERIGO

- QUANDO VOCÊ OUVE DIZER, NA TELEVISÃO OU NA INTERNET, QUE UM ANIMAL CORRE PERIGO DE EXTINÇÃO,O QUE VOCÊ ENTENDE?

MUITAS FLORESTAS BRASILEIRAS ESTÃO SENDO DESTRUÍDAS, PRINCIPALMENTE PARA RETIRADA DE MADEIRA E CONSTRUÇÃO DE NOVAS CIDADES, PLANTAÇÕES E PASTOS. QUANDO AS PESSOAS DESTROEM AS FLORESTAS, DESTROEM TAMBÉM O AMBIENTE ONDE MUITOS ANIMAIS VIVEM.

COM A DESTRUIÇÃO DA NATUREZA, MUITOS SERES VIVOS ESTÃO AMEAÇADOS DE DESAPARECER PARA SEMPRE, OU SEJA, DE ENTRAR EM **EXTINÇÃO**.

1. NA IMAGEM ABAIXO ESTÁ FALTANDO A PERSONAGEM PRINCIPAL DO FILME *RIO*. COLE O **ADESIVO** NO LOCAL ADEQUADO E COMPLETE A CENA.

NG Collection/Interfoto/Latinstock

A ANIMAÇÃO *RIO* CONTA A HISTÓRIA DE BLU, UMA ARARINHA-AZUL LEVADA DOS ESTADOS UNIDOS PARA O RIO DE JANEIRO, ONDE DEVE ENCONTRAR UMA FÊMEA DA MESMA ESPÉCIE PARA TER FILHOTES. NO MUNDO REAL, AS ARARINHAS-AZUIS ESTÃO SERIAMENTE AMEAÇADAS DE EXTINÇÃO, POIS JÁ NÃO HÁ NENHUMA VIVENDO LIVRE NA NATUREZA. HOJE, ELAS SÓ SÃO ENCONTRADAS EM ZOOLÓGICOS E PARQUES, EM CATIVEIRO.

2. PINTE AS FIGURAS DE ACORDO COM A LEGENDA.

- ANIMAIS QUE DEVEM VIVER LIVRES NA NATUREZA.
- ANIMAIS QUE PODEM SER CRIADOS PELAS PESSOAS.

Edson Farias

3. ACOMPANHE A LEITURA.

NO DIA 21 DE SETEMBRO É COMEMORADO O DIA DA ÁRVORE.

NO BRASIL, MUITOS TIPOS DE ÁRVORES ESTÃO PERTO DE SER EXTINTAS, COMO O PAU-BRASIL E O JACARANDÁ.

PODEMOS AJUDAR A PRESERVAR AS ÁRVORES PEDINDO AOS ADULTOS QUE COMPREM MÓVEIS FEITOS DE ACORDO COM A LEI, DE PREFERÊNCIA COM MADEIRA DE REFLORESTAMENTO.

A) ENCONTRE E CIRCULE NO TEXTO AS PALAVRAS DOS QUADROS.

EXTINTAS | REFLORESTAMENTO

B) ESCREVA CADA PALAVRA DOS QUADROS NA FRENTE DO SEU SIGNIFICADO.

- ELIMINADAS: ______________________________.
- PLANTIO DE NOVAS ÁRVORES: ______________________________.

CUIDANDO DO AMBIENTE

CIRCULE DE VERMELHO AS ATITUDES QUE PODEM PREJUDICAR O AMBIENTE.

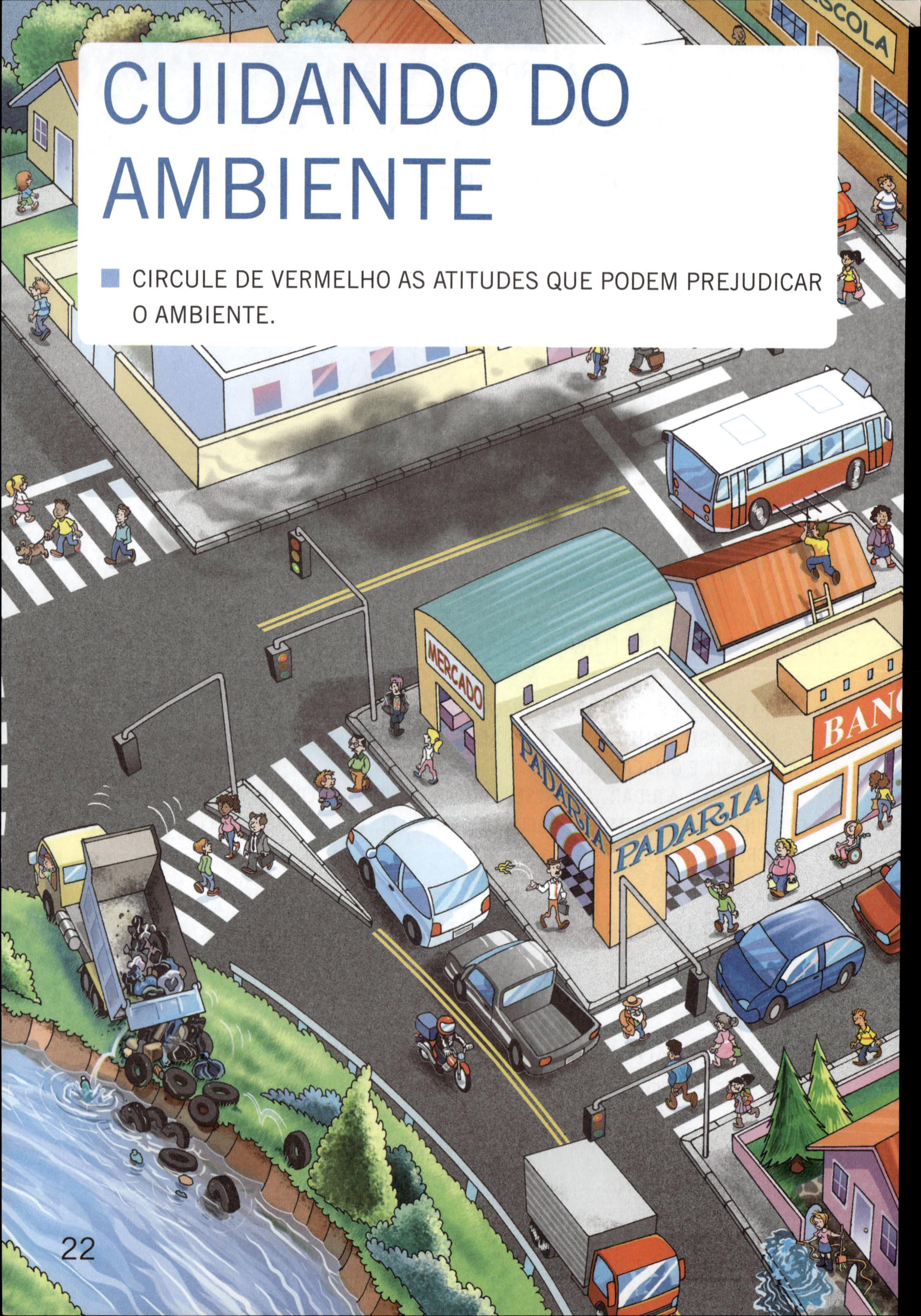

Ilustra Cartoon

VOCÊ JÁ APRENDEU QUE NÓS, SERES HUMANOS, PODEMOS PREJUDICAR O AMBIENTE EM QUE VIVEMOS. PORÉM, TAMBÉM PODEMOS USAR NOSSA INTELIGÊNCIA PARA ENTENDER COMO A NATUREZA FUNCIONA E COMO FAZER PARTE DELA DA MELHOR FORMA.

ESTUDANDO A NATUREZA, **BUSCAMOS SOLUÇÕES** PARA OS PROBLEMAS QUE JÁ EXISTEM, COMO A POLUIÇÃO E O LIXO.

ECONOMIZAR PARA NÃO FALTAR

DEVEMOS USAR OS RECURSOS DA NATUREZA COM ECONOMIA. ASSIM, ELES NÃO FALTARÃO NO FUTURO.

A ÁGUA, O SOLO E AS PLANTAS QUE NOS FORNECEM ALIMENTOS SÃO EXEMPLOS DE RECURSOS NATURAIS QUE DEVEMOS USAR COM ECONOMIA.

1. FAÇA O TESTE MARCANDO **X** NA RESPOSTA ADEQUADA.

A) QUANDO TOMO BANHO, EU:

- [ ] FICO BRINCANDO COM A ÁGUA POR UM TEMPÃO.
- [ ] TOMO BANHO RAPIDAMENTE.

B) ENQUANTO ESCOVO OS DENTES, EU:

- [ ] MANTENHO A TORNEIRA ABERTA.
- [ ] MANTENHO A TORNEIRA FECHADA.

Thinkstock/Getty Images

COLOCAR NO PRATO APENAS A QUANTIDADE QUE VAMOS COMER EVITA O DESPERDÍCIO DE ALIMENTOS.

C) SE SOBRAM FOLHAS DO MEU CADERNO ANTIGO, EU:

- [ ] APROVEITO AS FOLHAS PARA DESENHAR.
- [ ] JOGO O CADERNO NO LIXO E COMPRO UM NOVO.

2. O QUE VOCÊ ACHOU DAS RESPOSTAS DA QUESTÃO ANTERIOR? HÁ ALGO QUE VOCÊ POSSA FAZER PARA MELHORAR A FORMA COMO CUIDA DO AMBIENTE? **ORAL**

VOCÊ SABE O QUE É CONSUMISMO? É CONSUMIR OU COMPRAR DEMAIS: BRINQUEDOS, ROUPAS, ALIMENTOS, OBJETOS EM GERAL.

COMO TODOS OS OBJETOS SÃO FEITOS COM RECURSOS DO PLANETA, O CONSUMISMO CAUSA DESPERDÍCIO. DEVEMOS EVITAR ESSA ATITUDE.

3. PINTE A FIGURA QUE **NÃO** REPRESENTA O CONSUMISMO.

FIGURA 1

Edson Farias

FIGURA 2

Edson Farias

ATIVIDADES

1. MARQUE COM **X** AS FRASES CORRETAS.

ROCHA

Thinkstock/Getty Images

- [ ] SE MOVE SOZINHA.
- [ ] NÃO DORME.
- [ ] NÃO COME.
- [ ] BRINCA.
- [ ] PODE TER FILHOTES.

ELEMENTOS NÃO REPRESENTADOS EM PROPORÇÃO DE TAMANHO ENTRE SI.

CACHORRO

Thinkstock/Getty Images

- [ ] SE MOVE SOZINHO.
- [ ] NÃO DORME.
- [ ] COME.
- [ ] BRINCA.
- [ ] PODE TER FILHOTES.

- LIGUE AS COLUNAS.

ROCHA	SER VIVO
CACHORRO	ELEMENTO NÃO VIVO

2. MARQUE COM **X** O QUE É CONSTRUÍDO PELAS PESSOAS.

- [ ] PONTES.
- [ ] FLORESTAS.
- [ ] AVENIDAS.
- [ ] MONTANHAS.
- [ ] CASAS.
- [ ] ESTRADAS.
- [ ] PLANTAÇÕES.
- [ ] CHUVA.

3. LEIA A TIRINHA E RESPONDA À QUESTÃO.

MENINO MALUQUINHO, DE ZIRALDO.

- VOCÊ AJUDA NAS TAREFAS EM SUA MORADIA?

[ ] SIM. [ ] NÃO.

- SE SIM, COMO VOCÊ AJUDA? ORAL

AMPLIANDO HORIZONTES...

LIVRO

O QUE É QUE TEM NAQUELA MATA?, DE BIA VILLELA, MODERNA.
CONHEÇA ALGUMAS PLANTAS E ANIMAIS QUE EXISTEM NA NATUREZA.

rede de ideias

Estúdio Chanceler

APROVEITANDO O QUE IRIA PARA O LIXO

EXISTEM RECEITAS DELICIOSAS FEITAS COM PARTES DE ALIMENTOS QUE GERALMENTE SERIAM JOGADAS NO LIXO. ESSA É UMA MANEIRA INTELIGENTE DE APROVEITAR A PLANTA INTEIRA!

1 ACOMPANHE A LEITURA DA RECEITA COM O PROFESSOR.

BOLINHOS DE FOLHA DE CENOURA

Fotografias: Thinkstock/Getty Images

INGREDIENTES

2 OVOS

6 COLHERES (SOPA) DE FARINHA DE TRIGO

2 XÍCARAS DE FOLHAS DE CENOURA LAVADAS E PICADAS

UMA PITADA DE SAL

ÓLEO PARA FRITAR

MODO DE FAZER

- MISTURE TODOS OS INGREDIENTES EM UMA TIGELA.
- COLOQUE COLHERADAS DA MASSA EM UMA PANELA COM ÓLEO QUENTE ATÉ QUE OS BOLINHOS FIQUEM DOURADOS.

RENDIMENTO: 10 BOLINHOS

ATENÇÃO: ESSA RECEITA SÓ PODE SER FEITA COM A PRESENÇA DE UM ADULTO. O ÓLEO QUENTE É PERIGOSO E PODE CAUSAR GRAVES QUEIMADURAS.

2 PINTE A QUANTIDADE DE INGREDIENTES NECESSÁRIA PARA FAZER A RECEITA.

OVOS	FARINHA DE TRIGO	FOLHAS DE CENOURA
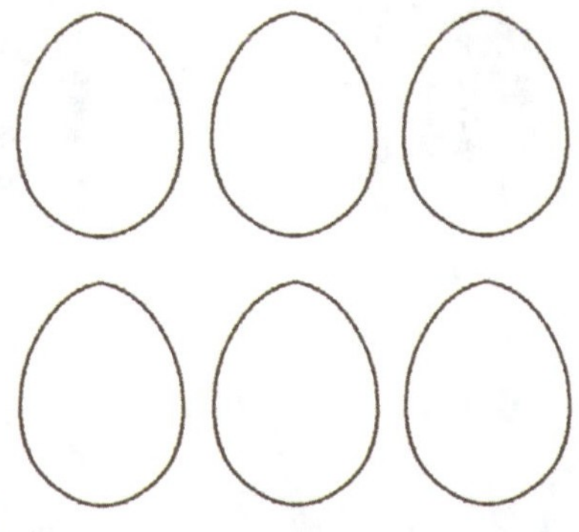	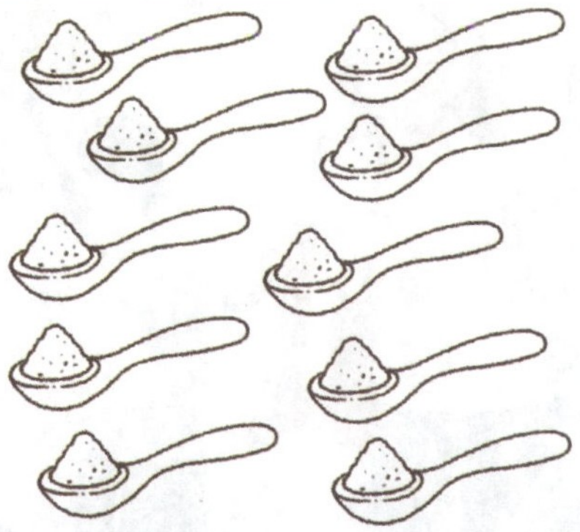	

Edson Farias

3 NA TURMA DA PROFESSORA IVETE HÁ 20 ALUNOS. ESCREVA A QUANTIDADE DE INGREDIENTES NECESSÁRIA PARA FAZER 1 BOLINHO PARA CADA CRIANÇA.

Estúdio Chanceler

INGREDIENTES

_______ OVOS

_______ COLHERES (SOPA) DE FARINHA DE TRIGO

_______ XÍCARAS DE FOLHAS DE CENOURA LAVADAS E PICADAS

_______________________ DE SAL

ÓLEO PARA FRITAR

4 ESSA RECEITA É UMA FORMA DE CUIDAR DA NATUREZA? FAÇA UM **X** NA RESPOSTA CORRETA.

- [ ] SIM, PORQUE APROVEITA UM ALIMENTO QUE IRIA PARA O LIXO.
- [ ] SIM, PORQUE PESSOAS QUE NÃO GOSTAM DE CENOURA PODEM COMER OS BOLINHOS.

UNIDADE 2

O SER HUMANO E A SAÚDE

AS CRIANÇAS QUE APARECEM NAS IMAGENS ESTÃO SE DIVERTINDO AO AR LIVRE. CORRER E PULAR SÃO JEITOS DE BRINCAR E TAMBÉM DE CUIDAR DA SAÚDE.

CONVERSE COM OS COLEGAS E RESPONDA ÀS QUESTÕES.

1. O QUE ESSAS CRIANÇAS ESTÃO FAZENDO?

2. CRIANÇA PRECISA COMER, CRESCER, DORMIR E BRINCAR. E VOCÊ:
   - O QUE GOSTA DE COMER?
   - DO QUE GOSTA DE BRINCAR?
   - A QUE HORAS VAI DORMIR?

3. CRIANÇA É DIFERENTE DE ADULTO. QUE DIFERENÇAS SÃO ESSAS, NA SUA OPINIÃO?

MEU CORPO

CITE DUAS SEMELHANÇAS ENTRE ESTAS CRIANÇAS.
CITE UMA DIFERENÇA ENTRE AS CRIANÇAS E O CÃO. ORAL

Lori Adamski Peek/Getty Images

OS SERES HUMANOS FAZEM PARTE DO GRUPO DOS ANIMAIS. ELES SE PARECEM MUITO MAIS ENTRE SI DO QUE COM OUTROS ANIMAIS.

NÃO EXISTE NO MUNDO NENHUMA PESSOA IGUAL A OUTRA! CADA SER HUMANO TEM CARACTERÍSTICAS PRÓPRIAS, COMO A ALTURA, A COR DA PELE E O TIPO DE CABELO, POR EXEMPLO.

NÓS, SERES HUMANOS, PRECISAMOS DE ÁGUA, ALIMENTOS E MORADIA. ALÉM DISSO, NECESSITAMOS DO CARINHO E DO RESPEITO DE OUTRAS PESSOAS.

Thinkstock/Getty Images

NÃO EXISTE UM SER HUMANO IGUAL A OUTRO. TODA PESSOA MERECE SER TRATADA COM RESPEITO.

1. COMO PODEMOS MOSTRAR RESPEITO POR OUTRAS PESSOAS? ORAL

2. PINTE A FIGURA E ESCREVA OS NOMES DAS PARTES DO CORPO. ATENÇÃO: ALGUMAS PARTES ESTÃO PROTEGIDAS POR EQUIPAMENTOS.

Camila Sampaio

NOSSO CORPO É CAPAZ DE PERCEBER O QUE ACONTECE AO NOSSO REDOR.

Thinkstock/Getty Images

1 OS **OLHOS** CAPTAM IMAGENS PARA QUE POSSAMOS ENXERGAR.

Thinkstock/Getty Images

2 OS CHEIROS CHEGAM A NÓS PELO **NARIZ**.

Thinkstock/Getty Images

3 A **LÍNGUA** CAPTA O GOSTO.

Thinkstock/Getty Images

4 AS **ORELHAS** CAPTAM SONS E NOS AJUDAM A MANTER O EQUILÍBRIO.

Thinkstock/Getty Images

5 POR MEIO DA **PELE**, RECEBEMOS SENSAÇÕES COMO DOR, FRIO, CALOR E SABEMOS SE UM OBJETO É LISO OU ÁSPERO, POR EXEMPLO.

GENTE QUE FAZ!

I – DE QUE LADO VEM O SOM?

REÚNA-SE COM UM COLEGA PARA FAZER ESTA ATIVIDADE.

MATERIAIS

- UM SINO PEQUENO.
- UM PEDAÇO DE TECIDO ESCURO PARA VENDAR OS OLHOS.

PROCEDIMENTOS

1. PEÇA A UM COLEGA QUE SE SENTE EM UMA CADEIRA E FIQUE DE OLHOS FECHADOS. USE UMA VENDA. VOCÊ DEVE TOCAR O SINO EM TRÊS POSIÇÕES DIFERENTES: NO ALTO DA CABEÇA DO COLEGA E EM CADA LADO.
2. TODA VEZ QUE TOCAR O SINO, PERGUNTE AO COLEGA DE ONDE VEM O SOM: SE DA DIREITA, DA ESQUERDA OU DE CIMA. FAÇA ISSO ALGUMAS VEZES E VEJA SE ELE ACERTA.

Esúdio Chanceler

RESULTADOS

1 O COLEGA QUE FICOU DE OLHOS VENDADOS CONSEGUIU SABER DE QUE DIREÇÃO VEIO O SOM? FAÇA UM **X** NA RESPOSTA CORRETA.

- [ ] NUNCA.
- [ ] NA MAIORIA DAS VEZES.
- [ ] TODAS AS VEZES.

2 ESCREVA O NOME DA PARTE DO CORPO QUE NOS AJUDA A CAPTAR OS SONS.

____

II – GIRA-GIRA

PROCEDIMENTO

1. FAÇA ESTA ATIVIDADE EM UM LUGAR ABERTO, COMO O PÁTIO DA ESCOLA. EM PÉ, COM OS BRAÇOS ABERTOS, GIRE RAPIDAMENTE 10 VEZES SOBRE SI MESMO. EM SEGUIDA, COM CUIDADO, SENTE-SE.

RESULTADO

1 O QUE VOCÊ SENTIU AO SE SENTAR?

____

____

VOCÊ SABIA?

NA PARTE INTERNA DA ORELHA HÁ UM LÍQUIDO QUE NOS AJUDA A MANTER O EQUILÍBRIO DO CORPO. QUANDO GIRAMOS E PARAMOS DE REPENTE, ESSE LÍQUIDO CONTINUA GIRANDO POR ALGUM TEMPO E, POR ISSO, TEMOS A SENSAÇÃO DE TONTURA.

NASCIMENTO E CRESCIMENTO

POR QUE A BARRIGA DA MULHER DA FOTOGRAFIA ESTÁ TÃO GRANDE? O QUE HÁ DENTRO DELA? **ORAL**

UM BEBÊ NASCE DA UNIÃO ENTRE UM HOMEM E UMA MULHER. O BEBÊ FICA NA BARRIGA DA MÃE ATÉ O NASCIMENTO.

DEPOIS QUE O BEBÊ NASCE, ELE DEPENDE DO CUIDADO DOS ADULTOS PARA SOBREVIVER.

NOS PRIMEIROS MESES DE VIDA, O LEITE MATERNO ALIMENTA O BEBÊ. ENQUANTO MAMA, ELE RECEBE CARINHO DA MÃE.

Larry Willians/Corbis/Latinstock

A BARRIGA DA MÃE CRESCE ENQUANTO O BEBÊ SE DESENVOLVE LÁ DENTRO.

Ruth Jenkinson/Getty Images

Fabio Colombini

MÃES AMAMENTANDO SEUS BEBÊS.

1. LIGUE CADA FOTOGRAFIA A SEU TEXTO.

AO CRESCER, OS BEBÊS TORNAM-SE **CRIANÇAS**.

Fotografias: Thinkstock/Getty Images

AS MENINAS, QUANDO ADULTAS, TORNAM-SE **MULHERES**.

OS MENINOS, QUANDO ADULTOS, TORNAM-SE **HOMENS**.

PESSOAS COM MAIS DE 60 ANOS SÃO CHAMADAS DE **IDOSAS**.

O CORPO DAS MENINAS É DIFERENTE DO CORPO DOS MENINOS. DO LADO DE FORA DO CORPO, AS MENINAS TÊM VAGINA E OS MENINOS TÊM PÊNIS.

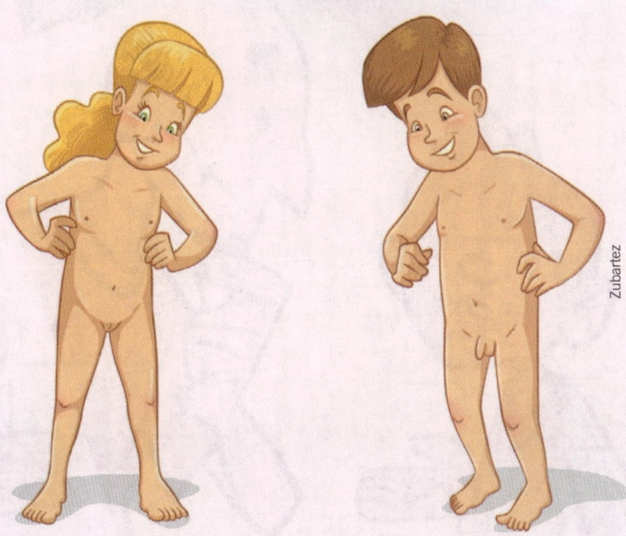

Zubartez

AS MENINAS SE TORNAM MULHERES E OS MENINOS SE TORNAM HOMENS QUANDO FICAM ADULTOS.

CUIDANDO DA SAÚDE

1. ESCREVA CADA PALAVRA NO LOCAL CORRESPONDENTE.

HIGIENE PREVENIR

- PARA _______________ DOENÇAS, DEVEMOS CUIDAR DA NOSSA _______________.

ALIMENTOS E VIDA SAUDÁVEL

QUANDO NOS ALIMENTAMOS BEM, ESTAMOS CUIDANDO DA SAÚDE. **ORAL**
CITE DOIS ALIMENTOS QUE VOCÊ COSTUMA COMER E ACHA QUE SÃO SAUDÁVEIS.

ACOMPANHE A LEITURA COM SEU PROFESSOR.

WWW

FESTINHA SAUDÁVEL

Estúdio Chanceler

TER FILHOS PEQUENOS É SINÔNIMO DE AGENDA CHEIA NOS FINS DE SEMANA: É ANIVERSÁRIO DE UMA PRIMA AQUI, FESTINHA DE UM AMIGO DA ESCOLA ALI... OS PEQUENOS ADORAM! ALÉM DE SE DIVERTIREM, ELES TAMBÉM APROVEITAM PARA COMER MUITAS GULOSEIMAS, FRITURAS E BEBER REFRIGERANTE. MAS, A PEDIDO DE ALGUNS PAIS, ESSAS COMIDINHAS [...] ESTÃO SENDO SUBSTITUÍDAS POR LANCHES MAIS SAUDÁVEIS.

FESTA INFANTIL COM LANCHES E BEBIDAS SAUDÁVEIS: SAIBA O QUE SERVIR. GNT. DISPONÍVEL EM: <http://gnt.globo.com/maes-e-filhos/materias/festa-infantil-com-lanches-e-bebidas-saudaveis-saiba-o-que-servir.htm#312=1>. ACESSO EM: JANEIRO DE 2015.

1. VOCÊ JÁ FOI A UMA FESTA DE ANIVERSÁRIO? MARQUE UM **X** NO QUE VOCÊ COMEU E BEBEU NA FESTA.

- [ ] SALGADINHOS FRITOS.
- [ ] DOCINHOS.
- [ ] BOLO.
- [ ] SANDUÍCHES.
- [ ] REFRIGERANTES.
- [ ] SUCOS.
- [ ] OUTROS ALIMENTOS. QUAIS? ______________________

2. FAÇA UM **X** NA FOTOGRAFIA QUE MOSTRA UM LANCHE SAUDÁVEL QUE PODERIA SER SERVIDO EM UMA FESTINHA INFANTIL.

Thinkstock/Getty Images

Thinkstock/Getty Images

UMA BOA ALIMENTAÇÃO É IMPORTANTE PARA A NOSSA SAÚDE. PARA ESTUDAR E BRINCAR, PRECISAMOS DA ENERGIA QUE OS ALIMENTOS NOS FORNECEM.

A MAIORIA DAS PESSOAS FAZ TRÊS REFEIÇÕES PRINCIPAIS POR DIA.

CAFÉ DA MANHÃ

ALMOÇO

JANTAR

Fotografias: Shutterstock

É IMPORTANTE FAZER UM LANCHE ENTRE AS REFEIÇÕES PRINCIPAIS. FRUTAS SÃO BOAS OPÇÕES PARA O LANCHE.

MEXENDO O CORPO

PARA MANTER A SAÚDE, ALÉM DE COMER BEM, É PRECISO PRATICAR ATIVIDADES FÍSICAS, COMO CORRER, PULAR, JOGAR BOLA E NADAR. VOCÊ JÁ FAZ ISSO BRINCANDO, NÃO É?

FAÇA UM DESENHO CAPRICHADO DE SUA BRINCADEIRA FAVORITA PARA MEXER O CORPO.

NOS DIAS ATUAIS, OS MÉDICOS E OS PAIS SE PREOCUPAM PORQUE MUITAS CRIANÇAS PASSAM HORAS SENTADAS EM FRENTE AO COMPUTADOR OU AO *VIDEO GAME*. ESSAS ATIVIDADES NÃO EXERCITAM O CORPO, O QUE PODE PREJUDICAR A SAÚDE.

OS ESPORTES E A DANÇA SÃO ÓTIMAS FORMAS DE EXERCITAR O CORPO.

1. VEJA ALGUNS ESPORTES E DANÇAS. FAÇA UM **X** NAQUELE QUE VOCÊ MAIS GOSTA.

Thinkstock/Getty Images
FUTEBOL.

Thinkstock/Getty Images
NATAÇÃO.

Oleksandr Rupeta/Nurphoto/Corbis/Latinstock
BALÉ.

Mitch Diamond/Getty Images
ARTES MARCIAIS.

- VOCÊ PRATICA OU GOSTARIA DE PRATICAR ALGUMA DESSAS ATIVIDADES? QUAL E POR QUÊ? ORAL

ATIVIDADES

1. VEJA AS FIGURAS E MARQUE UM **X** NA RESPOSTA CORRETA.

A) TAMBÉM CHAMAMOS O ABDOME DE:

- [ ] BARRIGA.
- [ ] PEITO.

Camila Sampaio

B) PODEMOS CHAMAR O TÓRAX DE:

Camila Sampaio

- [ ] BARRIGA.
- [ ] PEITO.

2. OBSERVE ESTAS CRIANÇAS NA AULA DE MÚSICA.

■ FAÇA UM **X** NA PARTE DO CORPO USADA PARA OUVIR A MÚSICA.

Diogo Viegas

- [ ] 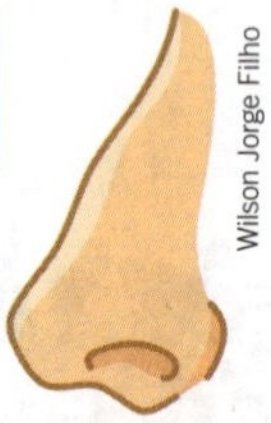

Wilson Jorge Filho

- [ ] 

Hélio Senatore

- [ ] 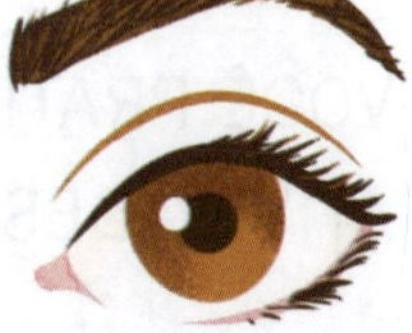

PriWi

3. LIGUE AO PRATO DO MENINO OS ALIMENTOS CONSIDERADOS MAIS SAUDÁVEIS.

Thinkstock/Getty Images

BOLINHO DE CARNE.

Thinkstock/Getty Images

ARROZ COM FEIJÃO.

Thinkstock/Getty Images

SALADA MISTA.

Giz de Cera

Thinkstock/Getty Images

BATATA FRITA.

Thinkstock/Getty Images

CACHORRO-QUENTE.

Thinkstock/Getty Images

FRANGO ASSADO.

- CIRCULE A MELHOR OPÇÃO DE BEBIDA PARA ACOMPANHAR A REFEIÇÃO SAUDÁVEL QUE VOCÊ ACABOU DE MONTAR.

Thinkstock/Getty Images

SUCO DE LARANJA.

Thinkstock/Getty Images

REFRIGERANTE.

AMPLIANDO HORIZONTES...

LIVRO

MINHA FAMÍLIA É COLORIDA, DE GEORGINA MARTINS, SM.
A FAMÍLIA DE ÂNGELO TEM PESSOAS MUITO DIFERENTES, MAS EM COMUM EXISTE O AMOR ENTRE TODOS.

rede de ideias

QUANDO FOI INVENTADA A ESCOVA DE DENTE?

1 ACOMPANHE A LEITURA DO TEXTO COM SEU PROFESSOR.

NO FINAL DO SÉCULO 15, OS CHINESES CRIARAM A PRIMEIRA ESCOVA COM APARÊNCIA SEMELHANTE À QUE TEMOS HOJE. O ACESSÓRIO ERA CONFECCIONADO COM PELOS DE PORCO AMARRADOS EM VARINHAS DE BAMBU OU PEDAÇOS DE OSSOS [...]

A ESCOVA COM CERDAS DE NÁILON, COMO AS QUE USAMOS, FOI CRIADA EM 1938, NOS ESTADOS UNIDOS. DESDE ENTÃO, ELAS SE TORNARAM AMIGAS DIÁRIAS DE TODOS NÓS. [...]

Estúdio Chanceler

TONINHA RODRIGUES. COMO SURGIU A ESCOVA DE DENTES? *SUPERINTERESSANTE*. DISPONÍVEL EM: <HTTP://SUPER.ABRIL.COM.BR/SAUDE/COMO-SURGIU-ESCOVA-DENTES-444598.SHTML>. ACESSO EM: JANEIRO DE 2015.

2 FAÇA UM **X** NO TIPO MAIS ANTIGO DE ESCOVA DE DENTE.

☐ 

Autor desconhecido. Escova de dentes, século XV.

☐ 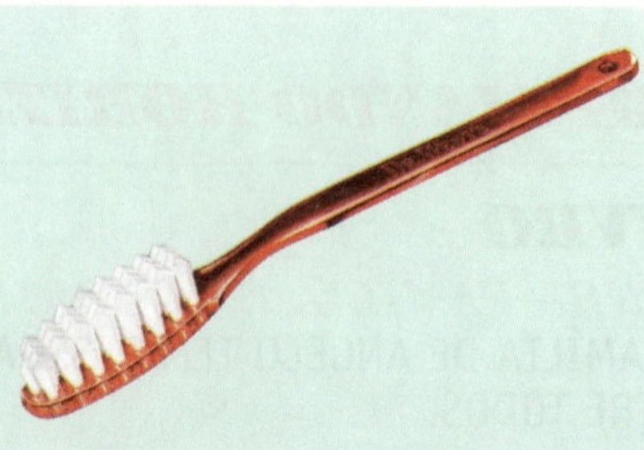

GraphicaArtis/Corbis/Latinstock

3 PINTE OS OBJETOS QUE VOCÊ USA PARA FAZER A HIGIENE DA BOCA.

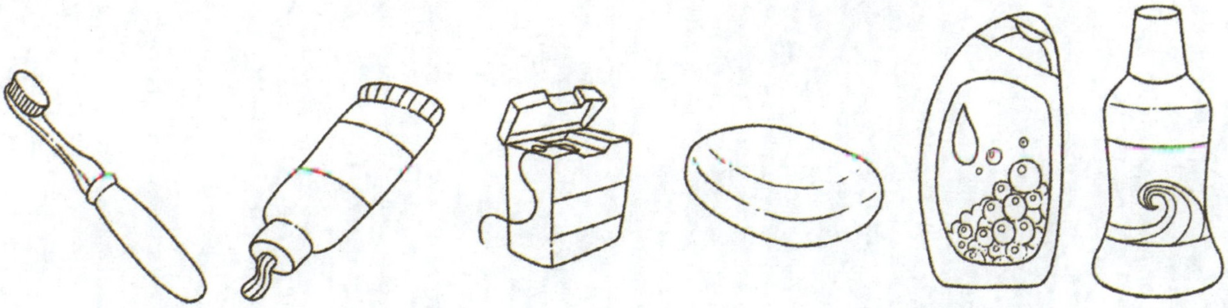

Edson Farias

4 ACOMPANHE A LEITURA DO TEXTO.

[...]

SE UMA PESSOA ESCOVA OS DENTES EM CINCO MINUTOS COM A TORNEIRA NÃO MUITO ABERTA, GASTA 12 LITROS DE ÁGUA. NO ENTANTO, SE MOLHAR A ESCOVA E FECHAR A TORNEIRA ENQUANTO ESCOVA OS DENTES E, AINDA, ENXAGUAR A BOCA COM UM COPO DE ÁGUA, CONSEGUE ECONOMIZAR MAIS DE 11,5 LITROS [ONZE LITROS E MEIO] DE ÁGUA.

[...]

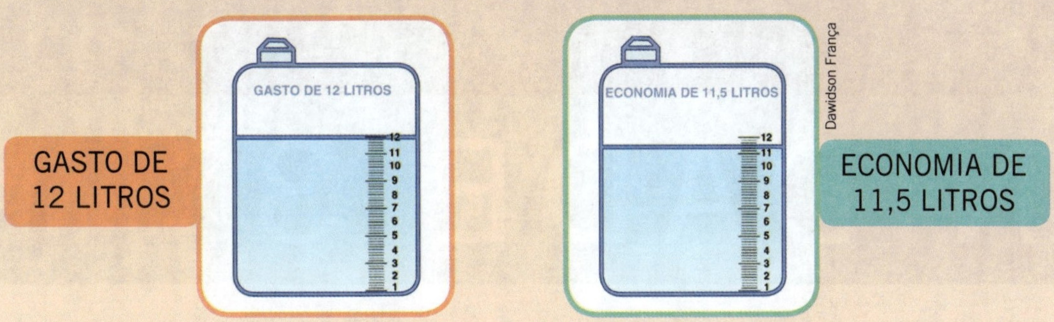

Dawidson França

USO RACIONAL DA ÁGUA. *SABESP*. DISPONÍVEL EM: <WWW.SABESP.COM.BR>. ACESSO EM: JANEIRO DE 2015.

- MARQUE UM **X** NA RESPOSTA CORRETA. DE ACORDO COM O TEXTO, MANTER A TORNEIRA FECHADA DURANTE A ESCOVAÇÃO DOS DENTES REPRESENTA:

☐ ECONOMIA DE 12 LITROS DE ÁGUA.

☐ ECONOMIA DE 11,5 LITROS DE ÁGUA.

UNIDADE 3

O QUE HÁ NA TERRA E NO CÉU

Fabio Eugenio

CONVERSE COM OS COLEGAS E RESPONDA ÀS QUESTÕES.

1. O QUE VOCÊ OBSERVA NO CÉU DESTA IMAGEM?
2. QUAIS ANIMAIS VOCÊ VÊ? ELES ESTÃO DORMINDO OU ACORDADOS?
3. COMO É O CÉU DURANTE O DIA? O QUE PODEMOS VER NELE?

OS DIAS E AS NOITES

1. OBSERVE A CENA. FAÇA UM **X** NA HORA QUE VOCÊ ACHA QUE ESSA CENA ACONTECE.

☐ 

AMJ Studio

DEZ HORAS DA MANHÃ

☐ 

DEZOITO HORAS E QUINZE MINUTOS

☐ 

VINTE E DUAS HORAS

O SOL É UMA ESTRELA. DURANTE O DIA, NÓS O VEMOS BRILHAR NO CÉU. O SOL ILUMINA E AQUECE O NOSSO PLANETA, A TERRA.

À NOITE, NÃO VEMOS O SOL, MAS VEMOS OUTRAS ESTRELAS E, ALGUMAS VEZES, A LUA.

2. PINTE AS PALAVRAS MAIS ADEQUADAS PARA COMPLETAR A FRASE.

O SOL [ILUMINA] / [ESCURECE] **E** [RESFRIA] / [AQUECE] **A TERRA.**

3. EM CADA UMA DAS SITUAÇÕES, DESENHE COMO VEMOS O CÉU.

DIA

Dawidson França

NOITE

O SOL E A TERRA

O QUE HÁ NO CÉU? FAÇA UM DESENHO EM UMA FOLHA À PARTE E MOSTRE AOS COLEGAS.

OLHANDO DA TERRA, VEMOS APENAS UMA PEQUENA PARTE DE TUDO O QUE HÁ NO CÉU.

Marmaduke St. John/Alamy/Latinstock

OS CIENTISTAS QUE ESTUDAM O CÉU SÃO CHAMADOS ASTRÔNOMOS.

NO CÉU HÁ MAIS ESTRELAS, PLANETAS E OUTROS ASTROS DO QUE QUALQUER PESSOA POSSA CONTAR.

A TERRA É UM **PLANETA**.

O SOL É MUITO MAIOR DO QUE A TERRA.

O SOL É UMA **ESTRELA**. ESTRELAS SÃO ASTROS QUE PRODUZEM LUZ E CALOR.

QUANDO VISTA DO ESPAÇO, A TERRA É AZUL.

NASA/SuperStock/Glow Images

SEM A LUZ E O CALOR DO SOL, NÃO EXISTIRIA VIDA EM NOSSO PLANETA.

ASTROS: SÃO OS CORPOS QUE ESTÃO NO ESPAÇO, COMO AS ESTRELAS, OS PLANETAS E OS COMETAS.

1. PREENCHA A FICHA PARA CADA ASTRO.

Thinkstock/Getty Images

- NOME: ______________________
- TIPO DE ASTRO: ______________________

NASA/SuperStock/Glow Images

- NOME: ______________________
- TIPO DE ASTRO: ______________________

2. ACOMPANHE A LEITURA DO PROFESSOR E FAÇA O QUE SE PEDE.

MATERIAIS

Adolar

- UMA BOLA DE FUTEBOL
- UM POUCO DE MASSA PARA MODELAR

Dawidson França

PROCEDIMENTOS

1. COLOQUE A BOLA DE FUTEBOL SOBRE A MESA.
2. FAÇA UMA BOLINHA COM A MASSA DE MODELAR, BEM PEQUENA, DO TAMANHO DA PONTA DO SEU LÁPIS.
3. COLOQUE A BOLINHA DE MASSA AO LADO DA BOLA DE FUTEBOL.

- PREENCHA AS LACUNAS COM OS NOMES DOS ASTROS.

NESTA ATIVIDADE, FIZEMOS UM MODELO PARA REPRESENTAR A TERRA E O SOL. A BOLA DE FUTEBOL REPRESENTA ______________________ E A BOLA DE MASSINHA REPRESENTA ______________________.

OS MATERIAIS E OS OBJETOS

VOCÊ JÁ VIU LIXEIRAS COLORIDAS COMO AS DESENHADAS ABAIXO? POR QUE ELAS TÊM CORES DIFERENTES? **ORAL**

EM MUITAS ESCOLAS HÁ LIXEIRAS COLORIDAS COMO ESTAS. ELAS SERVEM PARA SEPARAR OBJETOS FEITOS COM DIFERENTES MATERIAIS.

1. COM A AJUDA DO PROFESSOR, LEIA O QUE ESTÁ ESCRITO EM CADA LIXEIRA. DEPOIS, LIGUE CADA OBJETO À SUA LIXEIRA.

Dawidson França

OS OBJETOS QUE UTILIZAMOS NO NOSSO DIA A DIA SÃO FEITOS DE DIFERENTES **MATERIAIS**, COMO A MADEIRA, O PLÁSTICO, O PAPEL, O VIDRO, A BORRACHA E O METAL.

ALGUNS MATERIAIS, COMO A MADEIRA E O METAL, SÃO ENCONTRADOS NA NATUREZA. OUTROS, COMO O PLÁSTICO E O PAPEL, SÃO PRODUZIDOS PELO SER HUMANO.

2. ESCREVA O TIPO DE MATERIAL DE QUE SÃO FEITOS ESTES OBJETOS.

Thinkstock/Getty Images

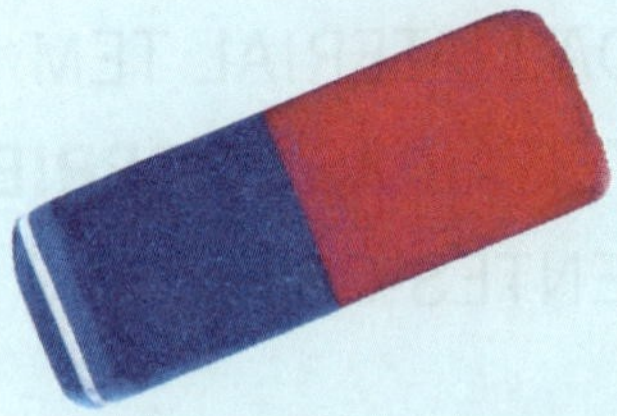
Cristina Xavier/Finephoto

____________________ ____________________

Thinkstock/Getty Images

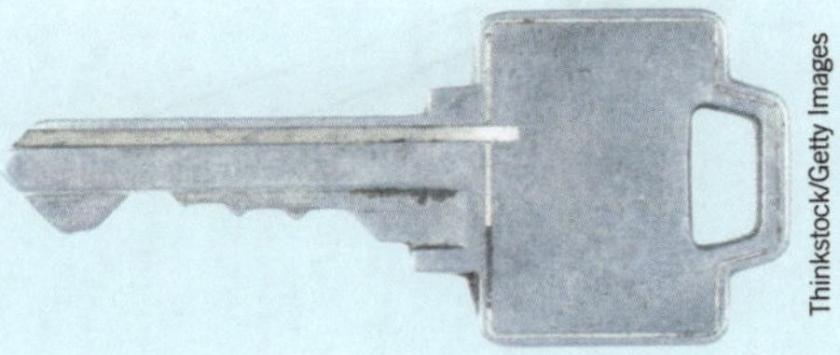
Thinkstock/Getty Images

____________________ ____________________

Cristina Xavier/Finephoto

Cristina Xavier/Finephoto

____________________ ____________________

COMO SÃO OS MATERIAIS?

UM ELÁSTICO DE BORRACHA PODE SER ESTICADO. SE ELE FOSSE FEITO DE TECIDO, ESTICARIA DA MESMA MANEIRA? **ORAL**

CADA MATERIAL TEM DIFERENTES PROPRIEDADES. PODEMOS APROVEITAR AS **PROPRIEDADES** DOS MATERIAIS PARA PRODUZIR DIFERENTES OBJETOS.

1. ACOMPANHE A LEITURA DO PROFESSOR E LIGUE CADA MATERIAL À SUA PROPRIEDADE.

Thinkstock/Getty Images

Thinkstock/Getty Images

Eduardo Santaliestra

PROPRIEDADE: TRANSPARÊNCIA

PODEMOS ENXERGAR ATRAVÉS DE MATERIAIS **TRANSPARENTES**, COMO O VIDRO DE JANELAS E LENTES DE ÓCULOS.

PROPRIEDADE: FLEXIBILIDADE

A BORRACHA É UM MATERIAL **FLEXÍVEL**, ISTO É, QUE SE DOBRA FACILMENTE. COM A BORRACHA SÃO FEITOS, POR EXEMPLO, PNEUS E BANCOS DE BICICLETA.

PROPRIEDADE: RESISTÊNCIA

O METAL É UM MATERIAL **RESISTENTE**, DIFÍCIL DE QUEBRAR. COM O METAL SÃO PRODUZIDAS MUITAS PEÇAS E FERRAMENTAS.

2. ESCREVA EM CADA BALÃO A PROPRIEDADE DOS MATERIAIS MAIS ADEQUADA.

Ilustrações: Zubartez

FERRAMENTAS E MÁQUINAS

PEGUE DUAS FOLHAS DE PAPEL. SEU DESAFIO É DIVIDIR AS DUAS FOLHAS EM PARTES IGUAIS. UMA VOCÊ DEVE RASGAR COM AS MÃOS, A OUTRA, COM UMA TESOURA SEM PONTAS.

QUAL TAREFA TEVE UM RESULTADO MELHOR?

1. LIGUE CADA FIGURA AO OBJETO NECESSÁRIO PARA A TAREFA.

Ilustrações: Zubartez

Thinkstock/Getty Images

Thinkstock/Getty Images

Thinkstock/Getty Images

AS **FERRAMENTAS** SÃO OBJETOS QUE NOS AJUDAM A FAZER TRABALHOS COM MAIS FACILIDADE E RAPIDEZ. A TESOURA, POR EXEMPLO, É USADA PARA CORTAR. A PÁ SERVE PARA TRANSPORTAR OU ESCAVAR AREIA OU TERRA. O MARTELO É USADO PARA FIXAR PREGOS, ENTRE OUTRAS FUNÇÕES.

AS **MÁQUINAS** SÃO FERRAMENTAS MAIS COMPLEXAS, QUE NOS AJUDAM A REALIZAR ALGUMAS TAREFAS. O TRANSPORTE DE UM LUGAR PARA OUTRO E O LEVANTAMENTO DE OBJETOS PESADOS SÃO ALGUMAS DESSAS TAREFAS.

Thinkstock/Getty Images

O GUINDASTE É UMA MÁQUINA CAPAZ DE ERGUER OBJETOS PESADOS.

OS VEÍCULOS TRANSPORTAM PESSOAS E OBJETOS DE UM LUGAR PARA OUTRO.

Thinkstock/Getty Images

2. ORDENE ESTAS FIGURAS COM NÚMEROS E DEPOIS PINTE AS FERRAMENTAS QUE APARECEM NELAS.

Renata Chabetai

3. CITE ALGUMAS TAREFAS QUE PODEMOS FAZER COM A MÁQUINA QUE APARECE NA FOTOGRAFIA. **ORAL**

Thinkstock/Getty Images

ATIVIDADES

1. COMPLETE AS PALAVRAS COM ESTAS LETRAS E DESCUBRA O NOME DOS PLANETAS DO SISTEMA SOLAR.

A E I O U

Fotografias: Thinkstock/Getty Images

M ___ RCÚR ___ O

M ___ RT ___

VÊN ___ S

JÚP ___ T ___ R

S ___ T ___ RN ___

___ R ___ N ___

N ___ T ___ N ___

T ___ RR ___

2. FAÇA UM **X** NA FOTOGRAFIA QUE MOSTRA A NOITE.

Mauricio Simonetti/Pulsar Imagens

Renato Soares/Pulsar Imagens

■ COMPLETE A FRASE.

DURANTE O ________________, UMA PARTE DA TERRA RECEBE

________________ E CALOR DO ________________.

3. FAÇA UM **X** NO MATERIAL MAIS ADEQUADO PARA FABRICAR CADA OBJETO.

Fotografias: Thinkstock/Getty Images

BOLA.

☐ METAL. ☐ TECIDO. ☐ PLÁSTICO.

CADEIRA.

☐ MADEIRA. ☐ BARRO. ☐ VIDRO.

AQUÁRIO.

☐ MADEIRA. ☐ VIDRO. ☐ METAL.

CADEADO.

☐ MADEIRA. ☐ VIDRO. ☐ METAL.

rede de ideias

MATERIAL ESCOLAR

VOCÊ GOSTA DE ADIVINHAS? TENTE RESPONDER A ESTAS. **ORAL**

O QUE É, O QUE É?

1. DE SABEDORIA É FAMINTA.
SAI DE CENA QUANDO ACABA A TINTA.

____

2. ESCREVE, MAS NÃO SABE LER.
NASCE GRANDE E MORRE PEQUENO.

____

1 QUE MATERIAIS VOCÊ DESCOBRIU RESPONDENDO ÀS ADIVINHAS?

☐ 

☐ 

☐ 

☐ 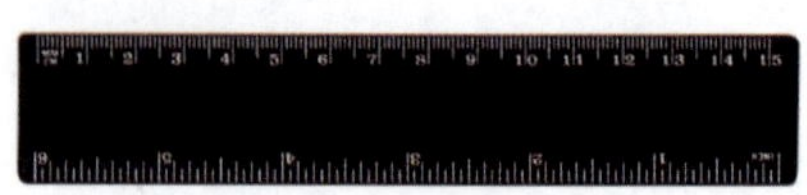

☐

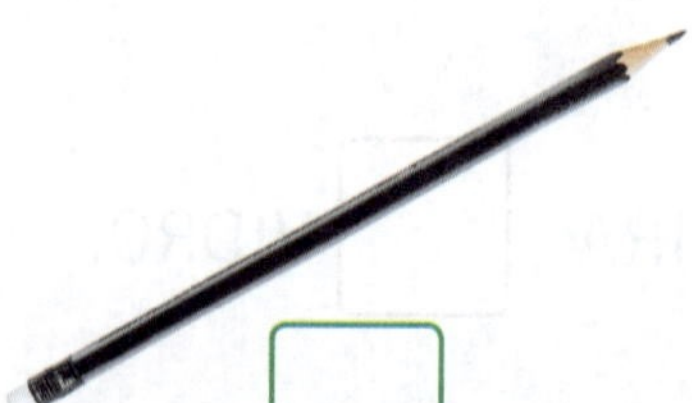
☐

☐ 

Fotografias: Thinkstock/Getty Images

3. É FINA, SEMPRE NA MEDIDA.
É PRECISA, FAZ QUADRADO.
SE ACHA MUITO SABIDA.
MAS NÃO SABE FAZER ENROLADO.

____

4. SOMOS MUITOS IRMÃOS.
12, 24 OU MAIS.
NENHUM É IGUAL AO OUTRO.
AS ÁRVORES SÃO NOSSOS PAIS.

____

Biry Sarkis

5. APAGA, MAS NÃO É LUZ.
É MOLE, MAS NÃO É DE PANO.

____

A) CIRCULE DE **VERDE** OS OBJETOS QUE VÊM DAS ÁRVORES.

B) CIRCULE DE **AZUL** O QUE É MACIO.

C) CIRCULE DE **VERMELHO** O QUE PODE SER JOGADO NA LIXEIRA VERMELHA DE COLETA SELETIVA.

2 ESCOLHA UM ITEM DO SEU MATERIAL ESCOLAR E INVENTE UMA ADIVINHA PARA ELE. DÊ A UM COLEGA PARA QUE ELE TENTE ACERTAR O QUE É.

____

____

____

____

QUAL É A PEGADA?

SUSTENTABILIDADE

ACOMPANHE A LEITURA DO PROFESSOR.

WWW

ALGUMAS PESSOAS AINDA ACHAM QUE USAR COPO DESCARTÁVEL É COMODIDADE. VOCÊ VAI ATÉ O BEBEDOURO, SACA O COPINHO, ENCHE DE ÁGUA (OU CAFÉ, CHÁ...), BEBE E... JOGA NO LIXO.

[...] CADA COPINHO PODE LEVAR MAIS DE 100 ANOS PARA SE DECOMPOR NA NATUREZA. [...]

PARA ATENUAR ESSE DESPERDÍCIO, BASTAM ALGUMAS ATITUDES SIMPLES:

- DEIXE UMA CANECA NA MESA ONDE VOCÊ TRABALHA OU ESTUDA E TOME ÁGUA NELA TODA VEZ QUE TIVER VONTADE. [...]

VOCÊ SABIA?

O PLÁSTICO É UM MATERIAL QUE NÃO SE DECOMPÕE COM O PASSAR DO TEMPO, OU SEJA, ELE NÃO "APODRECE".

POR ISSO, OS OBJETOS DE PLÁSTICO ACUMULAM-SE NO PLANETA, AUMENTANDO MUITO A QUANTIDADE DE **LIXO** QUE AS PESSOAS PRODUZEM.

ilustrações: Zubartez

- CARREGUE NA BOLSA OU MOCHILA UMA GARRAFINHA DE ÁGUA. MESMO QUE SEJA DE PLÁSTICO, VOCÊ PODE USAR A MESMA POR MUITO TEMPO, SEM PRECISAR JOGAR FORA.

- VAI DAR UMA FESTINHA EM CASA? SE FOR POUCA GENTE, PREFIRA USAR COPOS DE VIDRO A OFERECER DESCARTÁVEIS PARA OS CONVIDADOS. SE NÃO TIVER JEITO, TENTE LAVAR E GUARDAR OS COPOS QUE FORAM USADOS PARA UMA PRÓXIMA COMEMORAÇÃO.

USAR COPOS DESCARTÁVEIS É GERAR LIXO SEM NECESSIDADE. *SUPERINTERESSANTE*. DISPONÍVEL EM: <HTTP://SUPER.ABRIL.COM.BR/BLOGS/IDEIAS-VERDES/USAR-COPOS-DESCARTAVEIS-E-GERAR-LIXO-SEM-NECESSIDADE>. ACESSO EM: JANEIRO DE 2015.

AMPLIANDO HORIZONTES...

LIVRO

O PLANETA TERRA, SYLVIE BAUSSIER. SALAMANDRA.
EXPLORE A TERRA POR DENTRO E POR FORA. VEJA A ÁGUA, O AR, OS MATERIAIS E TAMBÉM VULCÕES, CHUVAS E OUTROS ACONTECIMENTOS DO PLANETA.

1. OBSERVE SUA MOCHILA COM SEUS MATERIAIS ESCOLARES. QUANTOS OBJETOS DE PLÁSTICO VOCÊ ENCONTROU?

- DESENHE UM OU MAIS DESSES OBJETOS.

2. FAÇA UM **X** NAS ATITUDES QUE PODEM AJUDAR A EVITAR PROBLEMAS COM O PLÁSTICO.

- [ ] CUIDAR DOS OBJETOS DE PLÁSTICO PARA QUE ELES DUREM MAIS.
- [ ] USAR SACOLAS PLÁSTICAS PARA FAZER COMPRAS E DEPOIS JOGAR AS SACOLAS NO LIXO.
- [ ] SEPARAR O PLÁSTICO NO LIXO PARA RECICLAGEM.
- [ ] COMPRAR SOMENTE OS OBJETOS NECESSÁRIOS, SEM DESPERDÍCIO.

Zubartez

Ligados.com
História

Leylah de Carvalhaes
Regina Nogueira Borella

Biry Sarkis

UNIDADE 1
CONHECENDO VOCÊ

UNIDADE 2
APRENDER E BRINCAR

UNIDADE 3
UM MUNDO QUE NÃO PARA

Ilustrações: Zubartez/Fotografias: Thinkstock/Getty Images

UNIDADE 1

CONHECENDO VOCÊ

EU ME CHAMO

____

4

CONVERSE COM OS COLEGAS E RESPONDA ÀS QUESTÕES.

1. EM QUE MOMENTO DA VIDA AS PESSOAS RECEBEM UM NOME?
2. POR QUE É IMPORTANTE QUE AS PESSOAS TENHAM NOME?
3. NA ILUSTRAÇÃO 3, QUAL É A PISTA QUE AJUDA A DESCOBRIR QUAL DOS MENINOS SE CHAMA MÁRIO?
4. COLE NO QUADRO EM BRANCO SUA FOTOGRAFIA OU FAÇA UM DESENHO DE VOCÊ.

CAPÍTULO 1

QUEM É VOCÊ?

RESPONDA À PERGUNTA DO TÍTULO: QUEM É VOCÊ? **ORAL**

AS PESSOAS SÃO DIFERENTES UMAS DA OUTRAS. CADA UMA TEM UM NOME, TRAÇOS FÍSICOS E UM JEITO DE SER QUE A TORNAM ÚNICA.

O MODO DE VESTIR, BRINCAR, SE ALIMENTAR, FALAR E MORAR TAMBÉM VARIA, DE ACORDO COM A FAMÍLIA E O POVO A QUE CADA UMA PERTENCE.

Thinkstock/Getty Images

EM LUGARES ONDE O INVERNO É MUITO RIGOROSO, AS CRIANÇAS SE DIVERTEM COM A NEVE.

Gavin Hellier/Glow Images

AS CRIANÇAS PERUANAS USAM ROUPAS FEITAS DE LÃ PARA SE PROTEGEREM DO FRIO.

Edson Sato/Pulsar Imagens

ESSAS CRIANÇAS MORAM EM UMA OCA COM SUA FAMÍLIA E OUTRAS PESSOAS DA ALDEIA.

Thinkstock/Getty Images

PAI ENSINANDO FILHA A COMER COM *HASHI*.

1. CONVERSE COM UM COLEGA SOBRE AS SEMELHANÇAS E DIFERENÇAS ENTRE AS CRIANÇAS DAS FOTOGRAFIAS. ORAL

2. NUMERE AS IMAGENS DE ACORDO COM O COSTUME E O MODO DE VIVER QUE REPRESENTAM.

1. MODO DE SE ALIMENTAR.

2. MODO DE MORAR.

3. MODO DE SE VESTIR.

4. MODO DE BRINCAR.

3. IMAGINE QUE VOCÊ VAI FAZER PARTE DE UM PAINEL DE FOTOGRAFIAS COMO ESSE.

A) EM UMA FOLHA À PARTE, FAÇA UM DESENHO QUE MOSTRE VOCÊ E UMA CARACTERÍSTICA DO POVO AO QUAL VOCÊ PERTENCE.

B) MOSTRE SEU DESENHO AOS COLEGAS E CONTE O QUE VOCÊ REPRESENTOU.

4. TODA CRIANÇA TEM SUA HISTÓRIA DE VIDA. E MUITOS OBJETOS FAZEM PARTE DELA. RECORTE E COLE

- PROCURE EM JORNAIS E REVISTAS IMAGENS DE OBJETOS QUE FIZERAM E QUE FAZEM PARTE DA SUA VIDA. RECORTE E COLE CADA UM EM UMA DAS PARTES DO QUADRO.

EU USAVA QUANDO ERA BEBÊ	**EU USO HOJE**

HISTÓRIAS DE FAMÍLIA

TODAS AS PESSOAS TÊM UMA HISTÓRIA. AS HISTÓRIAS DE PAIS, FILHOS, AVÓS, TIOS E PRIMOS, QUANDO REUNIDAS, CONTAM A HISTÓRIA DA FAMÍLIA. DOCUMENTOS, FOTOGRAFIAS, OBJETOS E CARTAS AJUDAM A ILUSTRAR ESSAS HISTÓRIAS.

Thinkstock/Getty Images

FAMÍLIA ARAÚJO REUNIDA EM CASA.

1. TARSILA DO AMARAL FOI UMA IMPORTANTE ARTISTA PLÁSTICA BRASILEIRA. OBSERVE A IMAGEM E OUÇA A LEITURA DO PROFESSOR.

[...]

TARSILA, SEUS PAIS E SEUS SEIS IRMÃOS FORMAVAM UMA FAMÍLIA HARMONIOSA. SUA MÃE ALEGRAVA O AMBIENTE TOCANDO PIANO E RECONTANDO AS HISTÓRIAS QUE LIA. SEU PAI RECITAVA, COM OS FILHOS, VERSOS EM FRANCÊS.

[...]

ANGELA BRAGA E LÍGIA REGO. *TARSILA DO AMARAL*. SÃO PAULO: MODERNA, 1998. P. 5.

HARMONIOSA: QUE VIVE FELIZ, EM PAZ.

Acervo da família

TARSILA (TERCEIRA DE CIMA PARA BAIXO) COM SUA FILHA, SUA NETA (TOPO) E SUA MÃE, POR VOLTA DE 1930. COLEÇÃO PARTICULAR. SÃO PAULO.

A) QUANTAS PESSOAS FORMAVAM A FAMÍLIA DE TARSILA?

☐ ADULTOS. ☐ CRIANÇAS.

B) A FOTOGRAFIA DE TARSILA COM SUA MÃE É:

☐ ANTIGA. ☐ ATUAL.

GERALMENTE SÓ CONHECEMOS ALGUNS DE NOSSOS PARENTES (COMO OS TRISAVÓS) POR FOTOGRAFIAS E PELAS HISTÓRIAS QUE NOS CONTAM.

TRISAVÓS: PAIS DOS BISAVÔS OU DAS BISAVÓS.

2. PEÇA A ALGUM FAMILIAR QUE CONTE UM FATO DA HISTÓRIA DELE OCORRIDO QUANDO ELE TINHA SUA IDADE.

- FAÇA UM REGISTRO DA HISTÓRIA PARA DEPOIS CONTAR PARA SEUS COLEGAS.

CAPÍTULO 2

A VIDA EM NOSSA MORADIA

"LAR DOCE LAR": O QUE ISSO SIGNIFICA PARA VOCÊ? **ORAL**

A MORADIA E O LUGAR ONDE VIVEMOS TAMBÉM FAZEM PARTE DAS NOSSAS LEMBRANÇAS.

1. OUÇA A LEITURA DO PROFESSOR.

Estúdio Chanceler

QUE GRANDE PAR DE BOTAS

ERA UMA VEZ UM RATO QUE MORAVA NUM SAPATO. UM SAPATO VELHO, UM SAPATO SEM PRÉSTIMO... NÃO ESTAVA MAL DE TODO. CONHEÇO RATOS QUE NEM EM CHINELO MORAM. NEM EM SANDÁLIAS.

MAS ESTE RATO QUE MORAVA NUM SAPATO TINHA AMBIÇÕES. QUERIA UMA CASA MAIS DESAFOGADA, MAIS ESPAÇOSA. QUERIA MUDAR DE UM SAPATO PARA UMA BOTA.

BEM PODIA PROCURAR. ONDE É QUE SE ARRANJA, NOS TEMPOS DE HOJE, UMA BOTA LIVRE, DE PREFERÊNCIA CALAFETADA CONTRA O FRIO E A CHUVA, ISTO É, SEM BURACOS NA SOLA? UMA BOTA É UM PALÁCIO. UM SONHO...

PÔS UM ANÚNCIO: "BOTA POUCO USADA PRECISA-SE PARA HABITAÇÃO".

E NÃO É QUE CONSEGUIU?! UM VELHO CORONEL DE CAVALARIA VENDEU-LHE AS BOTAS. MUITO EM CONTA.

O RATO SÓ PRECISAVA DE UMA, MAS, JÁ QUE SE PROPORCIONAVA FICAR COM AS DUAS, NÃO QUIS PERDER A OCASIÃO.

TALVEZ LÁ MAIS PARA DIANTE, LEVE UMA PARA A PRAIA. "FICO COM UMA CASA DE FÉRIAS E A OUTRA NA CIDADE", PENSOU ELE. [...]

ANTÓNIO TORRADO. *100 HISTÓRIAS À JANELA*. ALFRAGIDE: ASA, 2010. P. 46-47.

A) PINTE OS QUADRINHOS DE ACORDO COM A HISTÓRIA QUE VOCÊ OUVIU:

- [ ] A MORADIA É IMPORTANTE PARA O RATO.
- [ ] O RATO FOI MORAR NUMA CAIXA DE SAPATO.
- [ ] O RATO PODERIA TER UMA MORADIA NA CIDADE E OUTRA NA PRAIA.

B) COLE OS **ADESIVOS** NOS ESPAÇOS, DE ACORDO COM AS LEGENDAS.

CASA DE MADEIRA.

PRÉDIO.

SOBRADO DE TIJOLOS.

MORADIA DO RATO.

2. PESQUISE AS INFORMAÇÕES COM UM ADULTO QUE MORA EM SUA CASA E COMPLETE A FICHA.

- NOME DA RUA ONDE MORO ____________________________.
- NÚMERO __________ BAIRRO__________________________.
- MINHA CASA TEM ________________ CÔMODOS.
- ELA É FEITA DE ____________________________________.

JEITOS E LUGARES DE VIVER

NO LUGAR EM QUE MORAMOS, CONVIVEMOS COM FAMILIARES E AMIGOS. NOSSA MORADIA É NOSSO LAR. CADA FAMÍLIA TEM UM JEITO DE VIVER E DE SE ORGANIZAR.

OS LUGARES ONDE AS FAMÍLIAS MORAM TAMBÉM SÃO DIFERENTES. AS MORADIAS SÃO ADAPTADAS PARA CADA REGIÃO.

1. LIGUE, COM LÁPIS COLORIDO, CADA CRIANÇA À SUA MORADIA.

Ilustrações: Estúdio Chanceler

Klaus Mellenthin/Diomedia

MORADIA FEITA DE GELO.

Ricardo Teles/Pulsar Imagens

MORADIA DE ÍNDIGENAS.

João Prudente/Pulsar Imagens

MORADIA DA CIDADE.

2. COM OS COLEGAS CONSTRUA UM PAINEL COM IMAGENS DE DIFERENTES MORADIAS. GRUPO

ATIVIDADES

1. O QUE FAZ DE UMA MORADIA UM LAR? DESTAQUE PALAVRAS DOS **ADESIVOS** E COMPLETE AS FRASES.

LAR É MAIS DO QUE UMA ____________.

É UM LUGAR DE CARINHO, ACONCHEGO, HARMONIA E CONVIVÊNCIA.

É ONDE A ____________ SE REÚNE PARA CONVERSAR, DESCANSAR E SE DIVERTIR. ONDE AS ____________ SE SENTEM SEGURAS E CUIDADAS.

2. DESTAQUE A TABELA DA PÁGINA 29 DO **MATERIAL COMPLEMENTAR**.

A) PREENCHA A PRIMEIRA COLUNA VAZIA COM AS INFORMAÇÕES PEDIDAS.

B) CHAME UM COLEGA E PREENCHA A OUTRA COLUNA COM INFORMAÇÕES DELE. DUPLA

C) COMPARE AS COLUNAS E PINTE OS QUADROS EM QUE AS INFORMAÇÕES SÃO IGUAIS.

AMPLIANDO HORIZONTES...

LIVRO

LILÁS, UMA MENINA DIFERENTE, DE MARY E. WHITCOMB, COSAC NAIFY.

LILÁS DESPERTAVA CURIOSIDADE ENTRE OS COLEGAS. AOS POUCOS, ELES FORAM PERCEBENDO COMO AS PESSOAS PODEM SER DIFERENTES E COMO TODOS PODIAM CONVIVER BEM.

rede de ideias

QUANTOS ANOS VOCÊ TEM?

1. ESCREVA A SUA IDADE.

2. ESCREVA A DATA DO SEU NASCIMENTO.

DIA: __________

MÊS: __________

ANO: __________

3. ACOMPANHE A LEITURA DO TEXTO.

NESSA NOITE, SONHO QUE SOU MAIS VELHA, QUE TENHO DEZESSEIS ANOS E USO TRANÇAS COM CONCHINHAS E PEDRAS COLORIDAS. QUANDO BALANÇO A CABEÇA, O SOL ME SEGUE, E EU BRILHO COMO UMA RAINHA. QUANDO ACORDO, ME OLHO NO ESPELHO. AINDA SOU A BINTOU COM QUATRO BIROTES NA CABEÇA.

SYLVIANE A. DIOUF. *AS TRANÇAS DE BINTOU*. SÃO PAULO: COSAC NAIFY, 2004.

A) ESCOLHA UMA PALAVRA E COMPLETE AS FRASES CORRETAMENTE.

- BINTOU É ______________________________.

  CRIANÇA   ADOLESCENTE

- BINTOU TEM ______________________________ DE 16 ANOS.

  MAIS   MENOS

- BINTOU SONHA COM SEU ______________________________.

  PASSADO   FUTURO

B) CONVERSE COM OS COLEGAS: O QUE BINTOU SONHOU? ORAL

C) EM UMA FOLHA À PARTE, FAÇA UM DESENHO PARA MOSTRAR UM SONHO QUE VOCÊ TEM PARA SEU FUTURO. EXPONHA SEU TRABALHO NO MURAL DA CLASSE.

Ilustrações: Luis Matuto

BIROTE: PENTEADO FEMININO COM CABELOS PRESOS NO ALTO DA CABEÇA.

CRIANÇAS EM ESCOLA EM JOHANESBURGO, ÁFRICA DO SUL, 2015.

CRIANÇAS EM ESCOLA EM JUNDIAÍ, BRASIL,2010.

APRENDER E BRINCAR

Daniel Riffet/PHOTONONSTOP/AFP

CRIANÇAS NA CIDADE DE MOPTI, NO MALI, 2014.

Ilustrações: Zubartez

Renato Soares/Pulsar Imagens

CRIANÇAS EM GAÚCHA DO NORTE, BRASIL, 2013.

CONVERSE COM OS COLEGAS E RESPONDA ÀS QUESTÕES.

1. DÊ DOIS EXEMPLOS DO QUE UMA CRIANÇA PODE APRENDER NA ESCOLA.
2. NA SUA OPINIÃO, UMA CRIANÇA PODE APRENDER BRINCANDO? EXPLIQUE.
3. O QUE ACONTECE COM UMA CRIANÇA QUE BRINCA E ESTUDA?

CAPÍTULO 1

É HORA DE APRENDER

NA SUA OPINIÃO, POR QUE AS CRIANÇAS VÃO À ESCOLA? **ORAL**

<u>DIAS DA SEMANA</u>

QUANTOS SÃO OS DIAS DA SEMANA
SÃO SETE, SÃO SETE
QUANTOS SÃO OS DIAS DA SEMANA
SÃO SETE, SÃO SETE

SEGUNDA-FEIRA, TERÇA-FEIRA
QUARTA-FEIRA, QUINTA-FEIRA, SEXTA-FEIRA
SÁBADO E DOMINGO (2X)

DE SEGUNDA À SEXTA-FEIRA
VOU PARA ESCOLA ESTUDAR
EU APRENDO MUITA COISA
[...]

MAS NO SÁBADO EU LEVANTO
BRINCO MUITO SEM PARAR
NO DOMINGO EU DESCANSO
COM MEUS PAIS VOU PASSEAR.
[...]

PATATI E PATATÁ. DISPONÍVEL EM: <HTTP://LETRAS.MUS.BR/PATATI-PATATA/807456/>. ACESSO EM: MAIO DE 2015.

Biry Sarkis

1. CIRCULE A PARTE DO TEXTO QUE TRATA DA ESCOLA.

2. MARQUE COM **X** OS DIAS DA SEMANA QUE VOCÊ VAI À ESCOLA.

- [ ] SEGUNDA-FEIRA.
- [ ] TERÇA-FEIRA.
- [ ] QUARTA-FEIRA.
- [ ] QUINTA-FEIRA.
- [ ] SEXTA-FEIRA.
- [ ] SÁBADO.
- [ ] DOMINGO.

3. OBSERVE A IMAGEM E ACOMPANHE A LEITURA DO TEXTO.

Sean Gallup/Getty Images/AFP

ALUNOS EM ESCOLA NA ETIÓPIA, 2013.

NESSA ESCOLA ESTUDAM ALUNOS SEM DISTINÇÃO DE COR OU RELIGIÃO, MAS É DADA PREFERÊNCIA AOS ALUNOS POBRES OU DE FAMÍLIAS NUMEROSAS.

■ ESCOLHA AS PALAVRAS PARA COMPLETAR AS FRASES.

- A FOTOGRAFIA É DE UMA ESCOLA ______________________.

ETÍOPE | BRASILEIRA | ARGENTINA

- ______________________ EXISTEM ESCOLAS COMO A NOSSA.

SÓ NO BRASIL | SÓ NA ETIÓPIA | PELO MUNDO

A ESCOLA EM OUTROS TEMPOS

PODEMOS CONHECER A HISTÓRIA DAS ESCOLAS DE UMA ÉPOCA PASSADA CONVERSANDO COM ADULTOS, PESQUISANDO LIVROS, RELATOS, MATERIAIS, CARTAS, OBRAS DE ARTE, FOTOGRAFIAS E OUTROS REGISTROS.

1. OBSERVE ESTA FOTOGRAFIA.

CPDOC/FGV

CLASSE EM ESCOLA DE BELO HORIZONTE, NO ESTADO DE MINAS GERAIS, CERCA DE 1920.

- CONVERSE COM OS COLEGAS SOBRE SEMELHANÇAS E DIFERENÇAS ENTRE A SUA ESCOLA E A DA FOTOGRAFIA. **ORAL**

2. DESTAQUE OS **ADESIVOS** E COLE CADA UM NO ESPAÇO ADEQUADO.

ESCOLA ANTIGA	ESCOLA ATUAL

3. OUÇA A LEITURA DO DEPOIMENTO DE VIVIANE SENNA, PRESIDENTE DO INSTITUTO AYRTON SENNA.

A ESCOLA ERA, PARA MIM, UM MUNDO DE DESCOBERTAS.[...] FORAM ANOS DE INTENSO APRENDIZADO, NÃO SÓ RELACIONADO ÀS DISCIPLINAS, MAS, TAMBÉM, A TUDO QUE ENVOLVIA AQUELE AMBIENTE, DAS PESSOAS AOS ACONTECIMENTOS. [...]

[...] OS ANOS DE ESCOLA ME ENSINARAM MUITO. ENSINARAM, SOBRETUDO, QUE QUALQUER CRIANÇA É CAPAZ DE APRENDER E QUE TODO PROFESSOR É CAPAZ DE ENSINAR.

DISCIPLINA: CADA UMA DAS MATÉRIAS ENSINADAS NA ESCOLA.

Marisa Cauduro/Folhapress

VIVIANE SENNA: "A ESCOLA ERA UM MUNDO DE DESCOBERTAS". *EDUCAR PARA CRESCER*. DISPONÍVEL EM: <HTTP://EDUCARPARACRESCER.ABRIL.COM.BR/DEPOIMENTOS/VIVIANE-SENNA-ESCOLA-ERA-MUNDO-DESCOBERTAS-625971.SHTML>. ACESSO EM: JANEIRO DE 2015.

- O QUE VIVIANE PODE TER APRENDIDO NO TEMPO EM QUE ELA CONVIVEU COM OS COLEGAS E OS PROFESSORES NA ESCOLA? PINTE.

RESPEITAR AS PESSOAS.

OUVIR OS COLEGAS.

NÃO COLABORAR COM A ORGANIZAÇÃO DA SALA.

NÃO TRABALHAR EM GRUPO.

CUIDAR DO MATERIAL.

CUMPRIR OS COMBINADOS.

CAPÍTULO 2

É HORA DE SE DIVERTIR

DE QUE MANEIRA VOCÊ SE DIVERTE? ORAL

ASSIM COMO IR À ESCOLA, BRINCAR FAZ PARTE DA VIDA DE TODA CRIANÇA. QUANDO SEUS PAIS E AVÓS ERAM CRIANÇAS, ELES TAMBÉM BRINCAVAM!

ALGUNS BRINQUEDOS E BRINCADEIRAS SÃO MUITO ANTIGOS E CONTINUAM DIVERTINDO AS CRIANÇAS ATÉ HOJE. OUTROS SE MODIFICARAM. ALGUNS FORAM ESQUECIDOS E HÁ AQUELES QUE SÃO MODERNOS, OU SEJA, FORAM CRIADOS EM UMA ÉPOCA MAIS RECENTE.

AFP

CAVALINHO DE BALANÇO.

AFP

BONECA.

Fernando Favoretto/Criar Imagem

VIDEO GAME.

1. DESTAQUE A TABELA DA PÁGINA 27 DO **MATERIAL COMPLEMENTAR** E COMPLETE-A COM OS **ADESIVOS**.

2. ENCONTRE E CIRCULE NO DIAGRAMA SEIS BRINQUEDOS OU BRINCADEIRAS QUE APARECEM NA IMAGEM.

Ivan Cruz. Várias Brincadeiras I, 2006

VÁRIAS BRINCADEIRAS I, DE IVAN CRUZ, 2006. ACERVO DO ARTISTA.

P	Q	M	G	A	P	Z	L	Q	C	M	T	E
E	E	N	A	S	O	B	A	L	A	N	Ç	O
T	R	B	N	D	I	J	R	Z	B	D	Ç	T
E	T	V	G	F	T	U	E	S	O	N	Ç	Z
C	U	C	O	G	R	P	A	X	L	D	F	A
A	M	A	R	E	L	I	N	H	A	G	C	O
X	O	D	R	H	D	Ã	V	E	F	I	S	D
O	P	L	A	D	T	O	C	D	V	N	R	L

3. CONTE AOS COLEGAS UMA BRINCADEIRA QUE VOCÊ APRENDEU COM OS ADULTOS DE SUA FAMÍLIA. ORAL

GENTE QUE FAZ!

BILBOQUÊ

PODEMOS CONHECER UM POUCO MAIS DA INFÂNCIA EM OUTRAS ÉPOCAS CONVERSANDO COM FAMILIARES, COMO OS NOSSOS AVÓS.

1 TODOS OS ALUNOS DA CLASSE DEVEM RESPONDER À PERGUNTA: VOCÊ SABE O QUE É UM BILBOQUÊ? ANOTE O RESULTADO DA PESQUISA NO QUADRO.

RESPOSTA	NÚMERO DE CRIANÇAS
SIM, SEI O QUE É BILBOQUÊ.	
NÃO SEI O QUE É BILBOQUÊ.	

- ESCOLHA UMA DAS EXPRESSÕES E FAÇA UMA FRASE MOSTRANDO O RESULTADO DA PESQUISA.

TODAS AS CRIANÇAS | ALGUMAS CRIANÇAS | NENHUMA CRIANÇA

____

____

2 VOCÊ DEVE FAZER UMA ENTREVISTA COM UM FAMILIAR ADULTO OU COM UM ADULTO IDOSO.

- DESTAQUE A FICHA DE ENTREVISTA DA PÁGINA 25 DO **MATERIAL COMPLEMENTAR** E SIGA AS ORIENTAÇÕES DO PROFESSOR.

ATIVIDADES

1. COMPLETE AS PALAVRAS DAS FRASES.

A) AS CRIANÇAS APRENDEM EST _____ DA _____ D _____ E

BR _____ NC _____ ND _____.

B) PODEMOS SABER COMO ERA A VIDA DAS CRIANÇAS DE ANTIGAMENTE

CONVERSANDO COM P _____ SSO _____ S MAIS VELHAS.

2. OBSERVE A IMAGEM E LEIA A LEGENDA.

Candido Portinari. Roda Infantil, 1932.

RODA INFANTIL, DE CANDIDO PORTINARI, 1932. ÓLEO SOBRE TELA. SÃO PAULO, BRASIL.

A) ESCREVA O NOME DA BRINCADEIRA REPRESENTADA.

____

B) DESTAQUE AS PALAVRAS DA PÁGINA 23 DO **MATERIAL COMPLEMENTAR** E COM ELAS FORME UMA FRASE SOBRE A OBRA DE ARTE.

rede de ideias

CONSTRUINDO BRINQUEDOS

1 ACOMPANHE A LEITURA DOS TEXTOS.

E A PIPA
QUEM FAZIA
ERA MESMO O MENININHO
POIS ELE HAVIA APRENDIDO
A AMARRAR LINHA E TAQUARA
A COLAR PAPEL DE SEDA
E A FAZER COM POLVILHO
O GRUDE PARA COLAR
A PIPA TRIANGULAR
COMO O PAPAI
LHE ENSINARA
DO JEITO QUE HAVIA
APRENDIDO
COM O PAI
E O PAI DO PAI
DO PAPAI.

ZIRALDO. *O MENINO MALUQUINHO.* SÃO PAULO: MELHORAMENTOS. P. 49.

ANTIGAMENTE, PAPEL, PAPELÃO, TECIDO E MADEIRA ERAM USADOS PARA FAZER BRINQUEDOS. ERA COMUM QUE OS BRINQUEDOS FOSSEM FEITOS POR ARTESÃOS.

HOJE O PLÁSTICO É O MATERIAL MAIS UTILIZADO PARA FAZER BRINQUEDOS.

BLOCOS DE PLÁSTICO COLORIDO.

A) COM QUEM O MENINO MALUQUINHO APRENDEU A FAZER PIPA?

____

B) CIRCULE NO TEXTO OS MATERIAIS USADOS PARA FAZER A PIPA.

2 REÚNA-SE COM OS COLEGAS E, COM A AJUDA DO PROFESSOR, PESQUISEM BRINQUEDOS QUE PODEM SER FEITOS COM SUCATA. SELECIONEM ALGUNS PARA SEREM PRODUZIDOS PELA TURMA. GRUPO

Biry Sarkis

ARTESÃO: PROFISSIONAL QUE FAZ PRODUTOS MANUALMENTE OU COM A AJUDA DE FERRAMENTAS.

Biry Sarkis

Fotografias: Thinkstock/Getty Images

BONECA DE PANO.

Rita Barreto

BILBOQUÊ DE SUCATA.

MAS FAZER BRINQUEDOS MANUALMENTE PODE SER MUITO DIVERTIDO! COM GARRAFAS PET E EMBALAGENS RECICLADAS, É POSSÍVEL FAZER UM BRINQUEDO E CONTRIBUIR PARA DIMINUIR O LIXO.

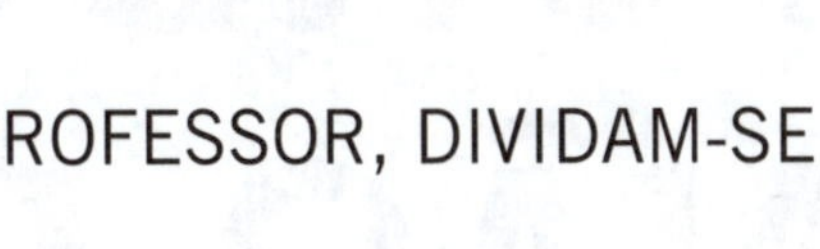

TRENZINHO DE MADEIRA.

- FAÇAM UMA LISTA DOS MATERIAIS QUE DEVEM SER PROVIDENCIADOS.
- COM A AJUDA DO PROFESSOR, DIVIDAM-SE EM GRUPOS E MÃOS À OBRA.
- DEPOIS DE PRONTOS, OS BRINQUEDOS PRODUZIDOS PODEM SER EXPOSTOS PARA QUE AS OUTRAS TURMAS VEJAM. APÓS A EXPOSIÇÃO, TODOS TERÃO COM O QUE SE DIVERTIR!

UM MUNDO QUE NÃO PARA

Fabio Eugenio

CONVERSE COM OS COLEGAS E RESPONDA ÀS QUESTÕES.

1. LEIA O TÍTULO DA UNIDADE E OBSERVE A IMAGEM. QUAL É A RELAÇÃO ENTRE ELES?

2. QUAIS ELEMENTOS DA IMAGEM PODEM SER OBSERVADOS NO LUGAR EM QUE VOCÊ VIVE?

3. VOCÊ ACHA IMPORTANTE CUIDAR DO MUNDO EM QUE VIVEMOS? CITE UMA ATITUDE QUE AJUDA A CUIDAR DELE.

CAPÍTULO 1

TRABALHO E LAZER

QUAL A DIFERENÇA ENTRE O DIA DOS ADULTOS E O DAS CRIANÇAS? **ORAL**

CRIANÇAS ESTUDAM E BRINCAM. ADULTOS TRABALHAM, MAS TAMBÉM TÊM SEUS MOMENTOS DE LAZER E DESCANSO.

O TRABALHO É MUITO IMPORTANTE, JÁ QUE É DESSA FORMA QUE A MAIORIA DAS PESSOAS CONSEGUE DINHEIRO PARA COMPRAR O QUE PRECISA OU DESEJA PARA SI E SUA FAMÍLIA.

1. NA SUA OPINIÃO, SÓ AS CRIANÇAS PODEM ESTUDAR E BRINCAR? **ORAL**

2. EM UMA FOLHA À PARTE, ESCREVA O NOME DE UMA PROFISSÃO IMPORTANTE PARA VOCÊ E SEUS FAMILIARES E FAÇA UM DESENHO SOBRE ELA.

3. SIGA AS SETAS DO QUADRO **A** E DESCUBRA NO QUADRO **B** O NOME DE TRÊS PROFISSÕES.

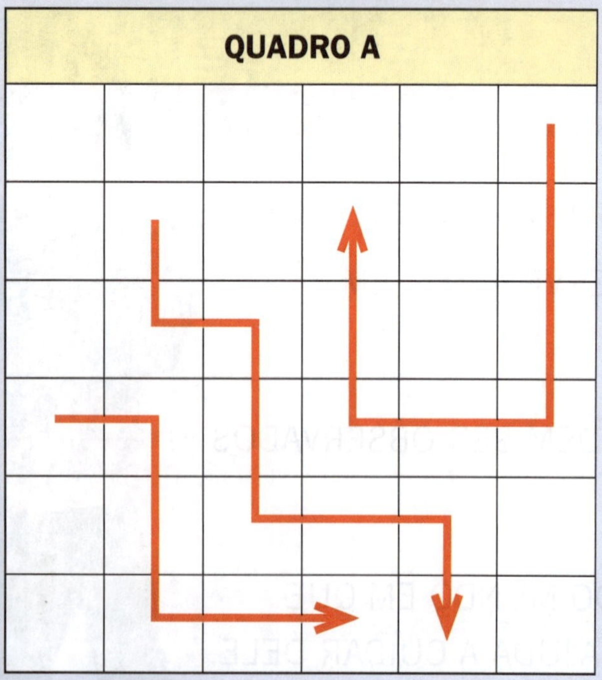

QUADRO B

V	L	J	F	Q	D
B	P	D	A	M	E
N	E	D	T	S	N
G	A	R	S	I	T
A	R	E	I	R	Z
T	Ç	O	M	O	E

■ ESCREVA EM CADA IMAGEM A PROFISSÃO QUE VOCÊ DESCOBRIU.

Thomaz Vita Neto/Pulsar Imagens

G. Evangelista/Opção Brasil Imagens

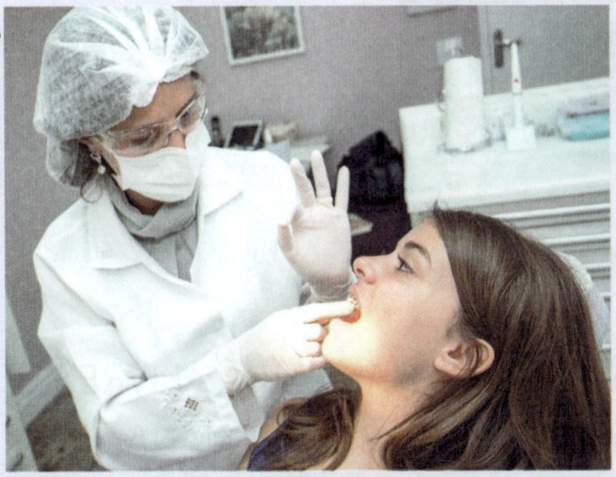
Rubens Chaves/Pulsar Imagens

4. ASSINALE COM UM **X** A FOTOGRAFIA QUE MOSTRA UMA PROFISSÃO QUE DEIXOU DE EXISTIR COM O TEMPO.

Ale Ruaro/Pulsar Imagens

TRATORISTA.

Zé Zuppani/Pulsar Imagens

BALCONISTA.

Reprodução

ACENDEDOR DE LAMPIÕES.

O COMÉRCIO

EM DIVERSOS LUGARES EXISTE O COMÉRCIO, ONDE SÃO OFERECIDOS PRODUTOS DE QUE PRECISAMOS PARA COMER, NOS VESTIR, CUIDAR DO CORPO, DA SAÚDE E DA MORADIA.

Thomaz Vita Neto/Pulsar Imagens

COMÉRCIO: COMPRA, VENDA E TROCA DE MERCADORIAS E SERVIÇOS.

NO COMÉRCIO TRABALHAM MUITAS PESSOAS, COMO NESTA RUA COMERCIAL EM JATAÍ, 2014.

HÁ PRODUTOS QUE COSTUMAM SER VENDIDOS NAS FEIRAS LIVRES, QUE ACONTECEM NAS RUAS EM DETERMINADOS DIAS DA SEMANA.

MUITOS ALIMENTOS SÃO PRODUZIDOS POR TRABALHADORES DO CAMPO E TRANSPORTADOS PARA AS CIDADES EM CAMINHÕES E TRENS.

Fotografias: Cesar Diniz/Pulsar Imagens

NAS FEIRAS ENCONTRAMOS FRUTAS, VERDURAS, CARNES, FLORES, ROUPAS E UTENSÍLIOS DOMÉSTICOS. FEIRA LIVRE EM RIO DAS CONTAS, 2014.

COLHEITA DE MELANCIA NA CIDADE DE FORMOSO DO ARAGUAIA, 2013.

ANTIGAMENTE, VENDEDORES AMBULANTES CIRCULAVAM PELAS RUAS VENDENDO MERCADORIAS, COMO VERDURAS, VASSOURAS E PÃES. PARA ATRAIR OS FREGUESES, GRITAVAM PREGÕES.

PREGÃO: ANÚNCIO GERALMENTE GRITADO OU CANTADO.

1. LEIA AS LEGENDAS E NUMERE AS IMAGENS CORRESPONDENTES A ELAS.

1. NO CAMPO, O AGRICULTOR PLANTA E COLHE VEGETAIS E TAMBÉM CUIDA DA CRIAÇÃO DE ANIMAIS.
2. HÁ DIFERENTES TIPOS DE ESTABELECIMENTOS COMERCIAIS ONDE SÃO OFERECIDAS MERCADORIAS PARA OS CONSUMIDORES.
3. ANTIGAMENTE OS VENDEDORES AMBULANTES CIRCULAVAM PELAS RUAS GRITANDO PREGÕES PARA CHAMAR A ATENÇÃO DOS FREGUESES.

Cesar Diniz/Pulsar Imagens

Vicenzo Pastore

Ale Ruaro/Pulsar Imagens

2. TRAGA PARA A ESCOLA TRÊS EMBALAGENS DE PRODUTOS QUE COSTUMAM SER UTILIZADOS EM SUA MORADIA. CONTE AOS COLEGAS ONDE SUA FAMÍLIA COSTUMA COMPRAR ESSES PRODUTOS. **ORAL**

CAPÍTULO 2

INVENÇÕES QUE MUDARAM O DIA A DIA

- O QUE É UMA INVENÇÃO?
- VOCÊ JÁ INVENTOU ALGO? PARA QUE SERVE?

ORAL

WWW

MENINO DE 7 ANOS ESCREVE LIVRO PARA IRMÃ GOSTAR DE USAR ÓCULOS

Thinkstock/Getty Images

[...] RAFAELA, DE 5 ANOS, [...] COM 6 GRAUS DE MIOPIA, [...] NÃO QUERIA DE FORMA NENHUMA USAR ÓCULOS. [...]

ATÉ QUE SEU IRMÃO ALEXANDRE, DE 7 ANOS, POR CONTA PRÓPRIA RESOLVEU AJUDAR, USANDO DO MUNDO ENCANTADO QUE SUA IRMÃ TANTO AMA. ELE ESCREVEU E ILUSTROU UM LIVRO COM UM CONTO DE FADAS CHAMADO: *A PRINCESA QUE USA ÓCULOS*.

GAZETA DE JOINVILLE. DISPONÍVEL EM: <WWW.GAZETADEJOINVILLE.COM.BR/WP/?P=2741>. ACESSO EM: JANEIRO DE 2015.

MIOPIA: DIFICULDADE DE ENXERGAR AO LONGE.

1. PROCURE UMA PESSOA QUE USA ÓCULOS E PEÇA QUE ELA RESPONDA À PERGUNTA: POR QUE VOCÊ USA ÓCULOS?

____

____

- RELEIA A RESPOSTA DA PESSOA E RESPONDA: COMO SERIA A VIDA DESSA PESSOA SE OS ÓCULOS NÃO EXISTISSEM? ORAL

COMO VOU E COMO VENHO

TODOS OS DIAS VOCÊ PRECISA SE DESLOCAR DE UM LUGAR PARA OUTRO.

VOCÊ PRECISA IR À ESCOLA, AO MÉDICO, VISITAR UM PARENTE, IR À CASA DE UM AMIGO...

CAMINHAR É UMA BOA FORMA DE SE LOCOMOVER, MAS, PARA ALCANÇAR CERTOS LUGARES DISTANTES, TEMOS DE USAR MEIOS DE TRANSPORTE, COMO ÔNIBUS, TREM, BARCO, BICICLETA, MOTOCICLETA, CARRO E ATÉ AVIÃO.

ÔNIBUS.

CAMINHÃO.

Hélio Senatore

CARRO.

MOTOCICLETA.

TREM.

CARROÇA.

USANDO UM MEIO DE TRANSPORTE, AS PESSOAS PODEM IR MAIS RÁPIDO E PARA LONGE, SEJA SOZINHO, SEJA EM GRUPO.

DIFERENTES TIPOS DE PRODUTOS E MERCADORIAS TAMBÉM PODEM SER LEVADOS DE UM LUGAR PARA OUTRO COM OS MEIOS DE TRANSPORTE.

1. DESTAQUE OS MEIOS DE TRANSPORTE DA PÁGINA 23 DO **MATERIAL COMPLEMENTAR** E COLE NOS LOCAIS CORRESPONDENTES.

É USADO PARA A NAVEGAÇÃO EM RIOS E MARES.

PODE LEVAR PESSOAS E TEM QUATRO PATAS.

TEM ASAS E VOA.

TEM DUAS RODAS.

2. ESCOLHA O TERMO MAIS ADEQUADO PARA COMPLETAR A FRASE.

A) EU VOU PARA A ESCOLA ______________________________ .

A PÉ | DE TRANSPORTE

B) EU MORO ______________________________ DA ESCOLA.

PERTO | LONGE

3. ACOMPANHE A LEITURA DO TEXTO.

QUANDO OS AVÓS DOS SEUS AVÓS ERAM CRIANÇAS, AS PESSOAS E AS MERCADORIAS ERAM TRANSPORTADAS DE UM LUGAR PARA OUTRO NO LOMBO DE ANIMAIS, EM CARROÇAS, BARCOS E TRENS. A MAIORIA DAS RUAS ERA ESTREITA E NÃO TINHA CALÇAMENTO.

- OBSERVE A IMAGEM E FAÇA O QUE SE PEDE.
  - MARQUE COM **X** O QUE SERVIRIA PARA ILUSTRAR O TEXTO.
  - CIRCULE O MEIO DE TRANSPORTE MAIS MODERNO.

Hélio Senatore

4. COM OS COLEGAS, FAÇA UMA LISTA DOS MEIOS DE TRANSPORTE CONHECIDOS PELA CLASSE. GRUPO

___

___

___

GENTE QUE FAZ!

HISTÓRIA DOS ÓCULOS

ACOMPANHE A LEITURA DOS QUADROS.

Ilustrações: Zubartez

1 DURANTE MUITO TEMPO OS ÓCULOS EXISTIRAM APENAS COMO ENFEITE. ISSO QUER DIZER QUE AS LENTES NÃO TINHAM FUNÇÃO PARA QUEM NÃO ENXERGAVA BEM. O QUE AJUDAVA AS PESSOAS COM VISÃO DEFICIENTE ERAM AS LENTES DE AUMENTO COLOCADAS SOBRE OS TEXTOS PARA AMPLIAR O TAMANHO DAS LETRAS. SÓ MAIS TARDE, AS LENTES PASSARAM A SER USADAS SOBRE OS OLHOS.

2 OS PRIMEIROS ÓCULOS ERAM PESADOS E DESCONFORTÁVEIS. COM O TEMPO, FORAM DESENVOLVIDOS ÓCULOS MAIS LEVES, CONFORTÁVEIS E PARA DIFERENTES PROBLEMAS DE VISÃO.

3 OS ITALIANOS SÃO CONHECIDOS COMO OS INVENTORES DOS ÓCULOS. HÁ CERCA DE 70 ANOS, ERAM COMUNS OS AROS REDONDOS. MAIS TARDE O ESTILO GATINHO COMANDOU AS VENDAS.

4 QUANDO NOSSOS AVÓS ERAM JOVENS, GRANDES ÓCULOS DE PLÁSTICO COLORIDO ESTAVAM NA MODA. HOJE EXISTEM ARMAÇÕES PEQUENAS COM LENTES QUE TORNAM OS ÓCULOS AINDA MAIS LEVES. EXISTEM AINDA PRODUTOS QUE SÃO ESPECIAIS PARA AS CRIANÇAS.

TEXTO ELABORADO PELAS AUTORAS ESPECIALMENTE PARA ESTA OBRA.

1 VOCÊ E TRÊS COLEGAS FARÃO UMA APRESENTAÇÃO DO TEXTO PARA A CLASSE. GRUPO

- CADA MEMBRO DO GRUPO DEVE ESCOLHER UM NÚMERO DE 1 A 4.
- TREINE A LEITURA DO BOXE QUE TENHA SEU NÚMERO.
- LEIAM O TEXTO PARA A TURMA.

2 RECORTE IMAGENS DE ÓCULOS DE REVISTAS OU JORNAIS USADOS E COLE NOS ESPAÇOS CORRESPONDENTES.

RECORTE E COLE

ÓCULOS ANTIGOS

ÓCULOS ATUAIS

3 PINTE OS QUADRINHOS DE ACORDO COM AS SUAS DESCOBERTAS.

- [ ] HÁ ÓCULOS PARA ADULTOS E CRIANÇAS.
- [ ] OS PRIMEIROS ÓCULOS NÃO TINHAM O MESMO FORMATO DOS ÓCULOS ATUAIS.
- [ ] HÁ ÓCULOS DE VÁRIAS CORES.
- [ ] HÁ ÓCULOS PARA MELHORAR A VISÃO.
- [ ] HÁ ÓCULOS PARA PROTEGER OS OLHOS DOS RAIOS SOLARES.

ATIVIDADES

1. QUE PROFISSIONAL USA ESTES EQUIPAMENTOS?

Getty Images

Underworld/DT/Glow Images

João Prudente/Pulsar Imagens

____

2. ASSOCIE OS PROFISSIONAIS AOS SEUS UNIFORMES DE TRABALHO.

PAULA É MÉDICA.

LÚCIO É CARTEIRO.

PATRÍCIA É POLICIAL.

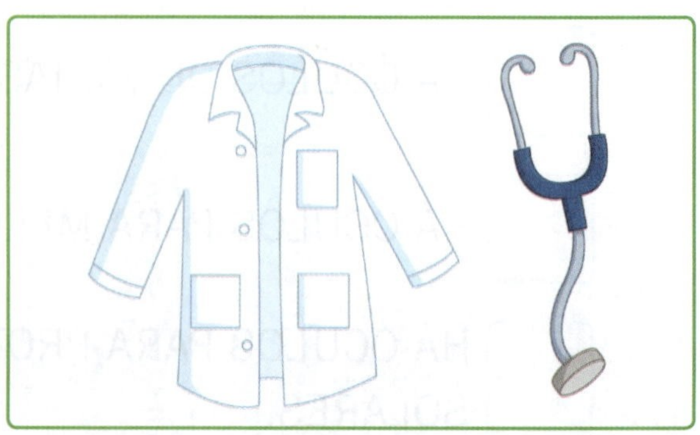

Ilustrações: Estúdio Chanceler

3. OBSERVE AS FIGURAS E FAÇA O QUE SE PEDE.

Thinkstock/Getty Images

A) COMPLETE AS PALAVRAS E DESCUBRA O NOME DE UM MEIO DE TRANSPORTE UTILIZADO ANTIGAMENTE.

M_____ R _____ A-FU _____ _____ Ç _____

B) FAÇA UM **X** SOBRE A FIGURA DESSE MEIO DE TRANSPORTE.

C) CITE O NOME DE TRÊS MEIOS DE TRANSPORTE QUE VOCÊ VÊ NAS FIGURAS. ORAL

4. VAMOS TESTAR EM UM JOGO O QUE VOCÊ APRENDEU? FORME DUPLA COM UM COLEGA E SIGAM AS INSTRUÇÕES. DUPLA

MATERIAL

- TABULEIRO DAS PÁGINAS 19 E 21 DO **MATERIAL COMPLEMENTAR**.
- CARTAS DAS PÁGINAS 15 E 17 DO **MATERIAL COMPLEMENTAR**.
- UM DADO.
- UMA TAMPINHA DE SUCO OU DE REFRIGERANTE PARA CADA JOGADOR.

COMO JOGAR

1. COLOQUE AS TAMPINHAS NO INÍCIO DA TRILHA.
2. DECIDA QUEM COMEÇA O JOGO NO "PAR OU ÍMPAR".
3. JOGUE O DADO E ANDE O NÚMERO DE CASAS INDICADO.
4. EMBARALHE AS CARTAS E FAÇA UM MONTE COM ELAS, COM O VERSO VIRADO PARA CIMA.
5. SE ALCANÇAR ALGUMA CASA LARANJA, A "CASA DESAFIO", RESPONDA À PERGUNTA QUE O OUTRO JOGADOR FARÁ UTILIZANDO UMA CARTA. SE RESPONDER CORRETAMENTE, GANHE O BÔNUS INDICADO. SE NÃO RESPONDER OU NÃO ACERTAR, AGUARDE A PRÓXIMA RODADA PARA JOGAR O DADO.
6. VENCE QUEM CHEGAR PRIMEIRO AO FINAL DA TRILHA.

rede de ideias

CRIANÇA E TRABALHO

1 OUÇA E ACOMPANHE A CANÇÃO.

CRIANÇA NÃO TRABALHA

LÁPIS, CADERNO, CHICLETE, PIÃO
SOL, BICICLETA, *SKATE*, CALÇÃO
ESCONDERIJO, AVIÃO, CORRERIA,
TAMBOR, GRITARIA, JARDIM, CONFUSÃO

Estúdio Chanceler

A) COPIE O TÍTULO DA CANÇÃO.

____

B) QUEM ESCREVEU A CANÇÃO?

____

C) ENCONTRE E CIRCULE NO TEXTO AS PALAVRAS DE ACORDO COM A LEGENDA.

- MATERIAL ESCOLAR
- BRINQUEDO
- BRINCADEIRA

BOLA, PELÚCIA, MERENDA, ***CRAYON***
BANHO DE RIO, BANHO DE MAR,
PULA-SELA, BOMBOM
TANQUE DE AREIA, GNOMO, SEREIA,
PIRATA, BALEIA, MANTEIGA NO PÃO

CRAYON: LÁPIS PARA DESENHAR OU O DESENHO FEITO COM ESSE LÁPIS.

GIZ, MERTHIOLATE, BAND-AID, SABÃO
TÊNIS, CADARÇO, ALMOFADA, COLCHÃO
QUEBRA-CABEÇA, BONECA, PETECA,
BOTÃO, PEGA-PEGA, PAPEL, PAPELÃO

CRIANÇA NÃO TRABALHA
CRIANÇA DÁ TRABALHO
CRIANÇA NÃO TRABALHA

[...]

ARNALDO ANTUNES E PAULO TATIT. *CANÇÕES CURIOSAS*. PALAVRA CANTADA, 1998.

- ESCREVA NOS QUADRINHOS QUANTOS VOCÊ CIRCULOU DE CADA UM.

☐ MATERIAL ESCOLAR. ☐ BRINQUEDO. ☐ BRINCADEIRA.

D) O QUE VOCÊ ENTENDE POR: "CRIANÇA NÃO TRABALHA, CRIANÇA DÁ TRABALHO"? **ORAL**

AMPLIANDO HORIZONTES...

LIVRO

NÃO É BRINCADEIRA, DE SHIRLEY SOUZA, ESCALA.

UM GRUPO DE ALUNOS EM UMA EXCURSÃO AO ZOOLÓGICO SE DEPARA COM OUTRAS CRIANÇAS SE APRESENTANDO NAS RUAS. A PROFESSORA ENSINA QUE ISSO NÃO É BRINCADEIRA, É TRABALHO INFANTIL.

QUAL É A PEGADA?

MODA SUSTENTÁVEL

VOCÊ SABIA QUE MUITOS PROFISSIONAIS SE DEDICAM À MODA?

A MODA INCLUI NOSSO JEITO DE SER, AS ROUPAS QUE ESCOLHEMOS, O JEITO COMO ARRUMAMOS O CABELO, OS ÓCULOS E TODOS OS OUTROS ACESSÓRIOS QUE USAMOS.

VEJA NA LINHA DO TEMPO COMO AS VESTIMENTAS FORAM SE MODIFICANDO DE ACORDO COM A MODA, COM AS INVENÇÕES E COM O PASSAR DO TEMPO.

PRÉ-HISTÓRIA

PARA SE PROTEGER E SE AGASALHAR, O HOMEM USAVA PELES DE ANIMAIS COMO VESTIMENTA.

EGITO

OS EGÍPCIOS EXIBIAM ROUPAS BEM CORTADAS E ACESSÓRIOS, COMO COLARES E BRACELETES.

GRÉCIA ANTIGA

A TÚNICA PRESA NO OMBRO POR UM BROCHE É ATÉ HOJE UMA MARCA DO POVO GREGO.

1. EM UMA FOLHA À PARTE, COLE A FIGURA DE UMA PESSOA COM ROUPAS MODERNAS.

2. OBSERVE A LINHA DO TEMPO E SUA COLAGEM E CONVERSE COM OS COLEGAS SOBRE AS SEMELHANÇAS E DIFERENÇAS QUE VOCÊ OBSERVA. **ORAL**

Rita Barreto/Isuzu Imagens

ATUALMENTE, OS PROFISSIONAIS DA MODA TÊM SE PREOCUPADO EM FAZER ROUPAS ECOLÓGICAS, ISTO É, QUE UTILIZAM MATERIAIS RECICLADOS. NA IMAGEM, CAMISETA FEITA DE GARRAFAS PET.

IDADE MÉDIA

A MODA PASSOU A EXIGIR ROUPAS MAIS ELABORADAS, DAÍ O SURGIMENTO DAS ROUPAS MASCULINAS E FEMININAS.

ERA BARROCA

Ilustrações: Jorge Zaiba

AS ROUPAS ERAM LUXUOSAS E OS TECIDOS, CAROS. OS HOMENS USAVAM OS CABELOS COMPRIDOS OU PERUCAS.

3. DESTAQUE DA PÁGINA 13 DO **MATERIAL COMPLEMENTAR** AS IMAGENS DAS ETAPAS DE PRODUÇÃO DE UMA CAMISETA ECOLÓGICA E COLE NA ORDEM CORRETA.

1. AS GARRAFAS JOGADAS FORA SÃO COLETADAS PELOS CATADORES.
2. AS GARRAFAS CHEGAM NA INDÚSTRIA PARA SEREM LAVADAS E TRITURADAS, OU SEJA, QUEBRADAS EM VÁRIOS PEDACINHOS.
3. A PARTIR DOS PEDACINHOS DE GARRAFA, UMA MÁQUINA CRIA FIOS, QUE VÃO VIRAR UM TECIDO.
4. O TECIDO É COSTURADO PARA SE TORNAR UMA CAMISETA.

4. POR QUE A MODA SUSTENTÁVEL É IMPORTANTE? ORAL

Ligados.com

Geografia

Angela Rama
Marcelo Moraes Paula

UNIDADE 1
LUGARES DO MEU DIA A DIA

UNIDADE 2
CAMINHOS DO DIA A DIA

UNIDADE 3
LUGARES E PAISAGENS

Biry Sarkis

LUGARES DO MEU DIA A DIA

1. COMPLETE A CENA COM OS **ADESIVOS**.
2. VOCÊ COLOU ALGUM OBJETO EM CIMA DO BALCÃO? QUAL?
3. O QUE AS CRIANÇAS QUE ESTÃO MAIS PERTO DA ÁRVORE ESTÃO FAZENDO?
4. QUANTAS CRIANÇAS HÁ DENTRO DA QUADRA?
5. O QUE HÁ PERTO DA LANCHONETE?
6. ESSA ESCOLA SE PARECE COM A SUA? CITE ALGUMAS DIFERENÇAS E SEMELHANÇAS.

CAPÍTULO 1

NA CASA

DURANTE O DIA FAZEMOS DIFERENTES ATIVIDADES. QUE ATIVIDADES VOCÊ FAZ NA ESCOLA? E NA SUA CASA? **ORAL**

1. OBSERVE A CENA E FAÇA AS ATIVIDADES.

Marcelo Xavier

IMAGEM DO LIVRO *O DIA A DIA DE DADÁ*, DE MARCELO XAVIER. SÃO PAULO: FORMATO, 2009. P. 2.

A) O QUE A MENINA DADÁ ESTÁ FAZENDO? **ORAL**

B) EM QUE LUGAR DA CASA DADÁ ESTÁ? ______________________

C) MARQUE UM **X** NO BRINQUEDO QUE APARECE NA CENA.

☐ BOLA. ☐ BONECA.

D) VOCÊ TEM UM BRINQUEDO PREFERIDO? ESCREVA O NOME DELE.

____

E) PINTE O ANIMAL DE ESTIMAÇÃO DE DADÁ.

GATO

CACHORRO

2. VOCÊ TEM UM ANIMAL DE ESTIMAÇÃO? OU HÁ ALGUM ANIMAL QUE GOSTARIA DE TER? FAÇA UM DESENHO DESSE ANIMAL.

3. OBSERVE O LUGAR EM QUE DADÁ ESTÁ E LIGUE AS FRASES.

ATRÁS DO GATO HÁ	UM ESPELHO
EM FRENTE AO GATO HÁ	UM PAR DE CHINELOS
EM CIMA DO TAPETE HÁ	UM PÁSSARO
ENTRE AS CORTINAS HÁ	UMA CADEIRA

CÔMODOS DA CASA

QUARTO, SALA E COZINHA SÃO EXEMPLOS DE CÔMODOS DE UMA CASA.

4. DESENHE UM CÔMODO DE SUA CASA. PROCURE DESENHAR OS OBJETOS NOS LUGARES EM QUE ELES COSTUMAM FICAR.

- O QUE VOCÊ E AS OUTRAS PESSOAS DA CASA COSTUMAM FAZER NESSE CÔMODO? FAÇA UMA LISTA NO CADERNO.

5. OBSERVE A CASA DE BONECAS.

Paulo Manzi

A) QUANTOS CÔMODOS HÁ NA CASA?

B) EM QUE CÔMODOS DA CASA ESTÃO OS BONECOS? ORAL

C) PINTE A FRASE CORRETA.

A COZINHA ESTÁ EM CIMA DO BANHEIRO.

O BANHEIRO ESTÁ AO LADO DO QUARTO.

A SALA ESTÁ ABAIXO DO BANHEIRO.

GENTE QUE FAZ!

BANHO DE PAPEL

O BANHO QUE VOCÊ VAI TOMAR NESTA ATIVIDADE NÃO É COM ÁGUA. É COM PAPEL!

SIGA AS ETAPAS PARA ESSE BANHO DE FAZ DE CONTA.

MATERIAIS

- CAIXA DE SAPATO.
- FITA ADESIVA.
- REVISTAS VELHAS.

PROCEDIMENTOS

1. PIQUE AS PÁGINAS DAS REVISTAS E COLOQUE NA CAIXA. ESSE PAPEL PICADO SERÁ A ÁGUA DO BANHO. GRUPO

2. FAÇA UM SABONETE DE PAPEL AMASSANDO ALGUMAS FOLHAS DA REVISTA E PRENDENDO COM FITA ADESIVA.

3 AGORA É HORA DO BANHO! CADA UM COM SEU SABONETE E SUA ÁGUA, SIGAM OS COMANDOS.

- LAVE O ROSTO.
- LAVE A CABEÇA.
- LAVE A PARTE DA FRENTE DO PESCOÇO.

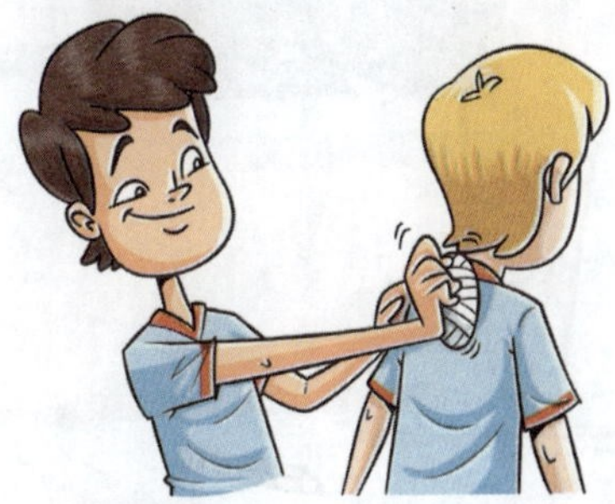

- LAVE A PARTE DE TRÁS DO PESCOÇO.
- LAVE A BARRIGA.
- LAVE O BUMBUM.
- LAVE AS COSTAS DO COLEGA.

- LAVE O BRAÇO E A MÃO ESQUERDOS.
- LAVE O BRAÇO E A MÃO DIREITOS.
- LAVE A PERNA E O PÉ ESQUERDOS.
- LAVE A PERNA E O PÉ DIREITOS.
- PARA TERMINAR O BANHO, ENXÁGUE O CORPO INTEIRO!

ilustrações: Zubartez

CAPÍTULO 2

NA SALA DE AULA

- O QUE HÁ NA PARTE DA FRENTE DA SUA SALA DE AULA?
- E NA PARTE DE TRÁS?
- O QUE HÁ NA PAREDE DA DIREITA DA SALA DE AULA?
- E NA PAREDE DA ESQUERDA?

ORAL

OBSERVE A SALA DE AULA.

1. O QUE HÁ À FRENTE DOS ALUNOS E DA PROFESSORA? ORAL

2. O QUE ELES ESTÃO FAZENDO?

3. VOCÊS JÁ FIZERAM ATIVIDADES PARECIDAS COM ESSAS?

4. AO OBSERVARMOS ESTA SALA DE AULA, VEMOS QUE A PORTA ESTÁ À DIREITA. MARQUE UM **X** NO QUE HÁ NA PAREDE DA ESQUERDA.

☐ JANELA ☐ LOUSA

5. VÍTOR ESTÁ À ESQUERDA DA PROFESSORA. ELE É O ALUNO MAIS ALTO DA TURMA. ENCONTRE E CIRCULE VÍTOR.

6. FAÇA UM **X** NO QUE ESTÁ LOGO À DIREITA DA PROFESSORA.

Estúdio Chanceler

7. ESCREVA O QUE HÁ LOGO À ESQUERDA DE VÍTOR.

____

____

____

8. CIRCULE LAURA, QUE ESTÁ ENTRE MARINA E JOÃO.

LOCALIZAÇÃO NA SUA SALA DE AULA

10. NA SUA SALA DE AULA, DESENHE O OBJETO OU A PESSOA QUE ESTÁ:

NA SUA FRENTE

ATRÁS DE VOCÊ

À SUA DIREITA

À SUA ESQUERDA

ATIVIDADES

1. DESENHE O CONTORNO DE UMA DE SUAS MÃOS.

- QUE MÃO VOCÊ DESENHOU? MARQUE UM **X** NA RESPOSTA CORRETA.

☐ ESQUERDA. ☐ DIREITA.

2. CIRCULE A FORMA QUE JOSÉ VAI PEGAR.

3. PINTE DE VERMELHO OS LIVROS QUE ESTÃO CAÍDOS PARA A DIREITA E DE AMARELO OS QUE ESTÃO CAÍDOS PARA A ESQUERDA.

AMPLIANDO HORIZONTES...

CD

DESENGONÇADA, DE BIA BEDRAN.

ESTA E OUTRAS MÚSICAS DIVERTIDAS ESTÃO NO CD "A CAIXA DE MÚSICA DE BIA", DE BIA BEDRAN.

LIVRO

O DIA A DIA DE DADÁ, DE MARCELO XAVIER, FORMATO.

COM CENÁRIO E PERSONAGENS DE MASSINHA, O LIVRO MOSTRA UM DIA NA VIDA DA MENINA DADÁ, DESDE A HORA EM QUE ACORDA ATÉ A HORA DE DORMIR.

rede de ideias

TAMANHO REDUZIDO

OBSERVE A OBRA DE ARTE.

Tarsila do Amaral

SELFIE

FAZER *SELFIES* TEM SE TORNADO MUITO COMUM. A MODA É SER MODELO E AUTOR DA PRÓPRIA FOTOGRAFIA.

A PALAVRA *SELFIE* SUBSTITUI A PALAVRA AUTORRETRATO – QUE SIGNIFICA RETRATO QUE A PESSOA FAZ DE SI MESMA.

A *SELFIE* TEM TAMANHO MENOR QUE O REAL.

AUTORRETRATO I, DE TARSILA DO AMARAL, 1924. NESTA OBRA A ARTISTA REPRESENTOU O PRÓPRIO ROSTO EM UM TAMANHO MENOR QUE O REAL.

1 EM UMA FOLHA À PARTE, FAÇA UM DESENHO DO SEU ROSTO.

- TRAGA UMA FOTOGRAFIA SUA DE ROSTO.
- COM UMA RÉGUA OU BARBANTE, MEÇA O SEU ROSTO NO DESENHO, NA FOTO E NO TAMANHO REAL.

A) O DESENHO QUE VOCÊ FEZ TEM UM TAMANHO MENOR OU MAIOR QUE SEU TAMANHO REAL?

____

B) COMPARE O TAMANHO REAL DO SEU ROSTO COM O DA FOTO. SÃO DIFERENTES? EXPLIQUE. **ORAL**

NOS DESENHOS, FOTOGRAFIAS E MAPAS GERALMENTE AS PESSOAS, OBJETOS OU LUGARES SÃO MENORES QUE O TAMANHO REAL. ISSO QUER DIZER QUE O TAMANHO É **REDUZIDO**.

2 CIRCULE OS OBJETOS QUE APARECEM EM TAMANHO REDUZIDO.

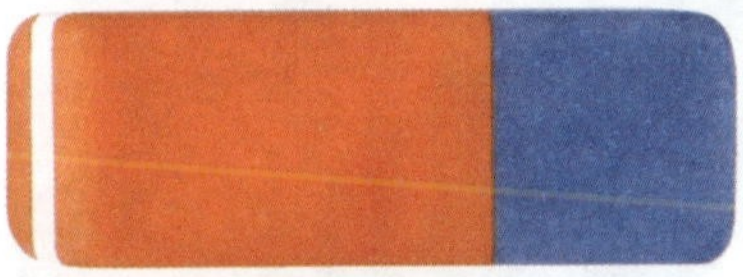
BORRACHA.

APONTADOR.

MOCHILA.

Fotografias: Thinkstock/Getty Images

ARMÁRIO.

MOEDA.

CARTEIRA.

3 FOLHEIE AS PÁGINAS ANTERIORES E DESCUBRA DESENHOS E FOTOGRAFIAS COM TAMANHO REDUZIDO EM RELAÇÃO AO TAMANHO REAL. DÊ EXEMPLOS. **ORAL**

- POR QUE AS PESSOAS, OBJETOS E LUGARES QUE APARECEM NOS LIVROS, GERALMENTE, SÃO MENORES QUE O TAMANHO REAL?

UNIDADE 2

CAMINHOS DO DIA A DIA

Zubartez

OBSERVE A IMAGEM, CONVERSE COM OS COLEGAS E RESPONDA ÀS QUESTÕES.

1. NA IDA PARA A ESCOLA, LEO E O PAI VÃO PELO CAMINHO QUE PASSA PELO POSTO. TRACE DE VERMELHO ESSE CAMINHO ATÉ A ESCOLA.

2. O QUE LEO VÊ PELO CAMINHO ATÉ A ESCOLA?

3. LEO ADORA ANIMAIS. POR ISSO, NA VOLTA PARA CASA ELE SEMPRE PARA NO PARQUE. TRACE DE AZUL O CAMINHO QUE LEO FAZ NA VOLTA PARA A CASA.

CAPÍTULO 1

CAMINHO PARA A ESCOLA

- COMO VOCÊ VAI PARA A ESCOLA: A PÉ OU COM ALGUM MEIO DE TRANSPORTE?
- E NA VOLTA PARA CASA, COMO FAZ?

ORAL

1. PINTE O(S) DESENHO(S) QUE MOSTRA(M) COMO VOCÊ VAI À ESCOLA E COMO VOLTA PARA A CASA.

Ilustrações: Edson Farias

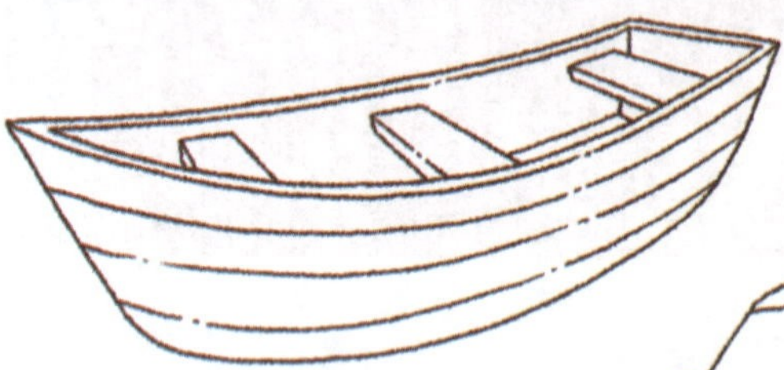

2. ESCREVA O NOME DE QUEM VAI COM VOCÊ PARA A ESCOLA OU QUE VOLTA PARA A CASA COM VOCÊ.

3. O QUE HÁ NO CAMINHO DA SUA CASA ATÉ A ESCOLA? COLE OS **ADESIVOS** NO QUADRO.

4. EM UMA FOLHA À PARTE, FAÇA UM DESENHO DO CAMINHO QUE VOCÊ FAZ DA CASA PARA A ESCOLA. TROQUE COM UM COLEGA.

CUIDADOS NOS CAMINHOS

5. OBSERVE AS CENAS E PINTE AQUELAS EM QUE AS ATITUDES SÃO CORRETAS.

Ilustrações: Edson Farias

Ilustrações: Edson Farias

6. VOCÊ JÁ VIU ALGUMA ATITUDE INADEQUADA NO TRÂNSITO? O QUE ESSA ATITUDE CAUSOU OU PODERIA TER CAUSADO? **ORAL**

7. NA SUA OPINIÃO, POR QUE É IMPORTANTE TER CUIDADOS NOS CAMINHOS QUE FAZEMOS NO DIA A DIA?

CAPÍTULO 2

NA ESCOLA

NA SUA ESCOLA HÁ ESPAÇOS QUE VOCÊ FREQUENTA TODOS OS DIAS, COMO A SALA DE AULA. HÁ OUTROS EM QUE VOCÊ VAI SÓ DE VEZ EM QUANDO. VOCÊ SABE ONDE FICAM TODOS OS ESPAÇOS DA SUA ESCOLA? **ORAL**

1. PINTE O NOME DOS ESPAÇOS QUE HÁ NA SUA ESCOLA.

QUADRA | SALA DE AULA | BANHEIRO | BIBLIOTECA

- NA SUA ESCOLA HÁ OUTROS ESPAÇOS? **ORAL**

2. DESENHE A SUA ESCOLA.

PARA MANTER OS ESPAÇOS LIMPOS E EM FUNCIONAMENTO, HÁ VÁRIOS FUNCIONÁRIOS NA ESCOLA, MAS TODAS AS PESSOAS QUE A FREQUENTAM PODEM CONTRIBUIR PARA QUE SEJA UM LUGAR AGRADÁVEL E LEGAL. VOCÊ E SEUS COLEGAS TAMBÉM. OBSERVE AS CENAS.

Edson Farias

3. DESENHE OUTRA ATITUDE DOS ALUNOS QUE CONTRIBUI PARA A BOA CONVIVÊNCIA NOS ESPAÇOS DA ESCOLA.

4. FALE OS NOMES DE ALGUNS FUNCIONÁRIOS DA ESCOLA E O QUE ELES FAZEM. ORAL

DE UM LUGAR PARA OUTRO

5. VEJA OS ESPAÇOS DA ESCOLA DE MANUELA.

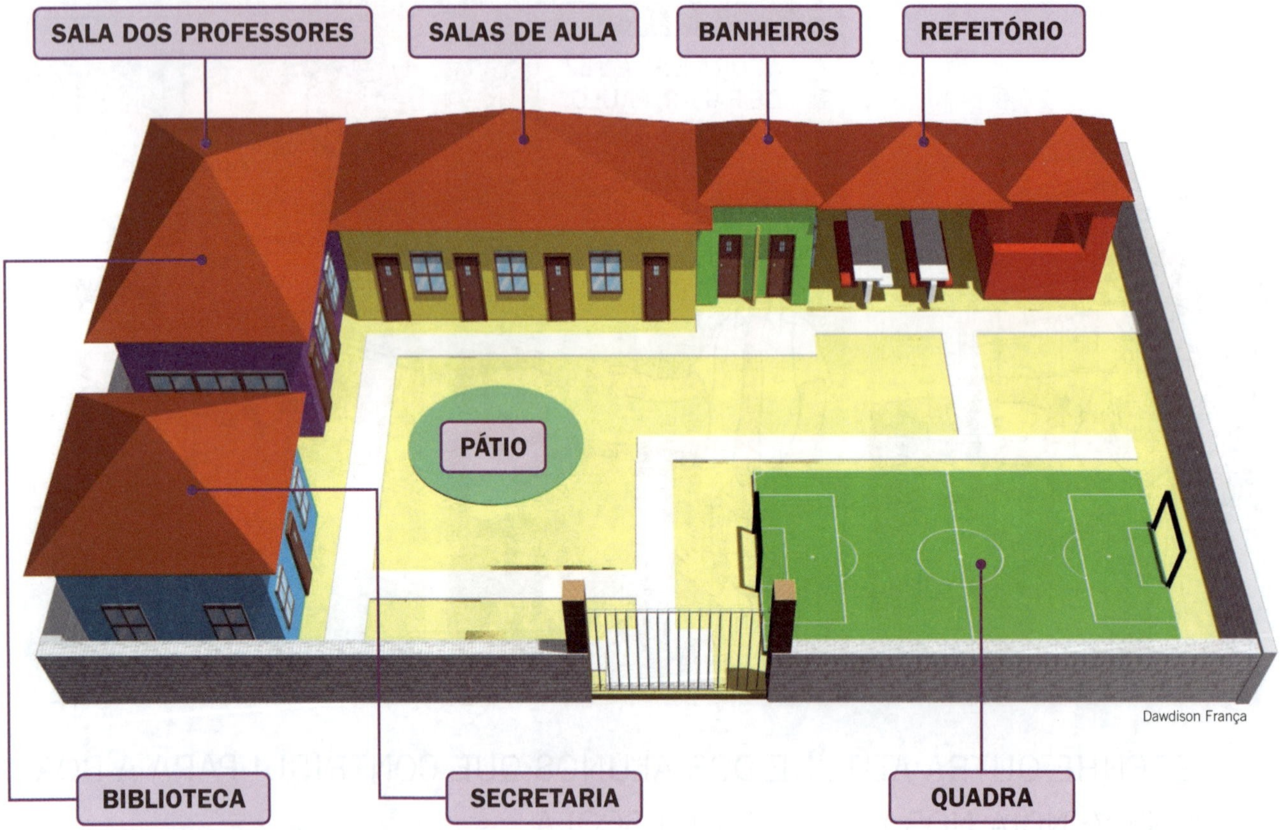

Dawdison França

A) QUANTAS SALAS DE AULA HÁ NA ESCOLA DE MANUELA?

B) O QUE HÁ ENTRE O REFEITÓRIO E AS SALAS DE AULA?

C) O QUE ESTÁ MAIS PRÓXIMO DA SECRETARIA?

D) IMAGINE QUE VOCÊ ESTÁ NO PORTÃO DE ENTRADA DA ESCOLA. TRACE UM CAMINHO PARA CHEGAR ATÉ O REFEITÓRIO.

- DESCREVA O CAMINHO QUE VOCÊ FEZ E POR QUAIS ESPAÇOS VOCÊ PASSOU. ORAL

6. PENSANDO NOS ESPAÇOS DA SUA ESCOLA, COMPLETE AS FRASES DA PÁGINA SEGUINTE COM AS EXPRESSÕES EM DESTAQUE.

VIRO À DIREITA | VIRO À ESQUERDA | VOU EM FRENTE

A) AO SAIR DA SALA DE AULA, ______________________________
PARA IR AO BANHEIRO.

B) QUANDO SAIO DA SALA DE AULA, __________________________
PARA IR À QUADRA DE ESPORTES.

C) QUANDO TERMINA A AULA, SAIO DA SALA DE AULA E

____.

7. ESCOLHA UM ESPAÇO DA SUA ESCOLA, COMO A LANCHONETE OU A BIBLIOTECA, E DESENHE O CAMINHO QUE VOCÊ FAZ ATÉ LÁ AO SAIR DA SALA DE AULA.

8. IMAGINE QUE VOCÊ TEM UM NOVO COLEGA NA SALA DE AULA E ELE QUER SABER O CAMINHO PARA O BANHEIRO. CONTE COMO ELE DEVE CHEGAR ATÉ LÁ. VOCÊ DEVERÁ USAR AS EXPRESSÕES **DIREITA**, **ESQUERDA**, **EM FRENTE** ETC. **ORAL**

ATIVIDADES

1. ESCREVA O NÚMERO DA FOTOGRAFIA QUE CORRESPONDE À FRASE.

Marcos Amend/Pulsar Imagens

LANCHA ESCOLAR TRANSPORTANDO ESTUDANTES DE COMUNIDADES RIBEIRINHAS. MANAUS, 2014.

Luciana Whitaker/ Pulsar Imagens

EMBARQUE E DESEMBARQUE DE ESTUDANTES DE ÔNIBUS ESCOLAR. PORTO REAL, RIO DE JANEIRO, 2014.

☐ UM TRANSPORTE MUITO USADO NAS CIDADES DO BRASIL É O ÔNIBUS ESCOLAR.

☐ EM MUITOS LUGARES DO BRASIL E DE OUTROS PAÍSES, ALUNOS VÃO À ESCOLA DE BARCO.

2. ESCREVA **V** SE A FRASE FOR VERDADEIRA E **F** SE FOR FALSA.

☐ APENAS OS FUNCIONÁRIOS DA ESCOLA SÃO RESPONSÁVEIS PELA LIMPEZA DA ESCOLA E POR MANTER UM AMBIENTE AGRADÁVEL.

☐ CONTRIBUIR PARA MANTER A LIMPEZA DA ESCOLA E O AMBIENTE AGRADÁVEL É PAPEL DE FUNCIONÁRIOS DA ESCOLA E DOS ALUNOS.

3. A PROFESSORA PEDIU QUE OS ALUNOS DESENHASSEM O CAMINHO DA SALA DE AULA À BIBLIOTECA. VEJA OS DESENHOS FEITOS POR DOIS ALUNOS DIFERENTES.

Ilustrações: Dawdison França

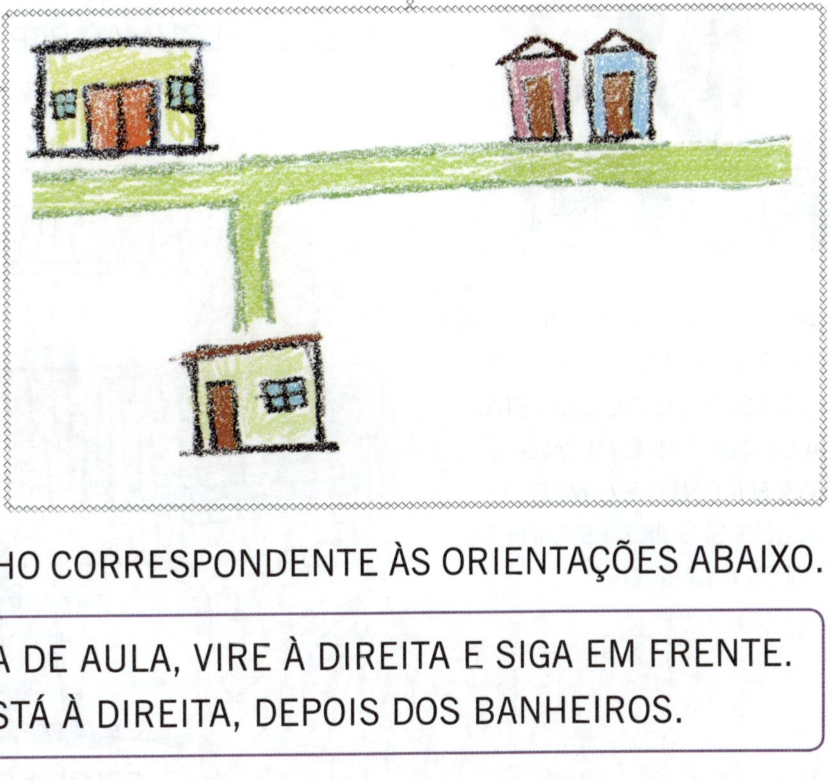

- CIRCULE O DESENHO CORRESPONDENTE ÀS ORIENTAÇÕES ABAIXO.

AO SAIR DA SALA DE AULA, VIRE À DIREITA E SIGA EM FRENTE. A BIBLIOTECA ESTÁ À DIREITA, DEPOIS DOS BANHEIROS.

AMPLIANDO HORIZONTES...

JOGO ON LINE

JOGO DO LABIRINTO. DIREITA, ESQUERDA, EM FRENTE... NESSE JOGO VOCÊ VAI AJUDAR O PERSONAGEM A ENCONTRAR O CAMINHO. DISPONÍVEL EM: <http://tvratimbum.cmais.com.br/jogos/habilidade/jogo-do-labirinto>. ACESSO EM: JANEIRO DE 2015.

DVD

DORA, A AVENTUREIRA: AS AVENTURAS DO MAPA. NO EPISÓDIO "O MAPA PERDIDO", DORA FAZ UM MAPA PARA CHEGAR À MONTANHA ALTÍSSIMA E ENCONTRAR SEU AMIGO MAPA.

Ilustração: Biry Sarkis

rede de ideias

O PAÍS DE OZ

O Mágico de Oz. Direção: Victor Fleming. Metro-Goldwyn-Mayer, 1939/ Granger NYC/The Granger

VOCÊ CONHECE A HISTÓRIA "O MÁGICO DE OZ"? ELA FOI ESCRITA HÁ MAIS DE CEM ANOS E TEVE MUITAS VERSÕES EM LIVROS E PARA O CINEMA.

UMA MENINA CHAMADA DOROTHY E SEU CACHORRO TOTÓ VÃO PARAR NO PAÍS DE OZ. OBSERVE ALGUMAS PARTES DESSA HISTÓRIA.

1 PARA VOLTAR PARA CASA, DOROTHY PRECISA DA AJUDA DO MÁGICO DE OZ, QUE ESTÁ NA CIDADE DAS ESMERALDAS. PARA ENCONTRAR O MÁGICO, ELA DEVE SEGUIR A ESTRADA DE TIJOLOS AMARELOS.

3 DOROTHY CONHECE O HOMEM DE LATA.

O Mágico de Oz. Direção: Victor Fleming. Metro-Goldwyn-Mayer, 1939.

2 NO CAMINHO DOROTHY FAZ TRÊS AMIGOS. O PRIMEIRO AMIGO QUE DOROTHY FAZ É O ESPANTALHO NO MILHARAL. O ESPANTALHO ESTÁ À ESQUERDA OU À DIREITA DE DOROTHY?

OS TRÊS AMIGOS ACOMPANHAM DOROTHY E TAMBÉM VÃO FAZER PEDIDOS AO MÁGICO: O ESPANTALHO QUER UM CÉREBRO, O HOMEM DE LATA, UM CORAÇÃO, E O LEÃO QUER CORAGEM. SERÁ QUE OS PEDIDOS SERÃO ATENDIDOS?

4 DOROTHY CONHECE O LEÃO.

5

O Mágico de Oz. Direção: Victor Fleming. Metro-Goldwyn-Mayer, 1939/Álbum/Easypix

CIDADE DAS ESMERALDAS.

1. TRACE NA ESTRADA DE TIJOLOS AMARELOS O CAMINHO SEGUIDO POR DOROTHY E SEUS AMIGOS ATÉ A CIDADE DAS ESMERALDAS.

2. SE VOCÊ FOSSE UM DOS AMIGOS DE DOROTHY, QUAL SERIA SEU PEDIDO PARA O MÁGICO DE OZ? **ORAL**

QUAL É A PEGADA?

VAMOS DE BICICLETA

Jeff Chiu/AP Photo/Glow Images

ANDAR DE BICICLETA É UM TIPO DE DIVERSÃO, ATIVIDADE FÍSICA OU UMA FORMA DE LOCOMOÇÃO.

A *BIKE* TRAZ MUITOS BENEFÍCIOS! PARA QUEM A USA E PARA O AMBIENTE.

EM MUITOS LUGARES, HÁ PROJETOS EM QUE AS CRIANÇAS VÃO PARA A ESCOLA EM COMBOIO ACOMPANHADAS POR UM INSTRUTOR QUE DÁ ORIENTAÇÕES DE COMO ANDAR COM SEGURANÇA.

1. PARA CONHECER ALGUMAS DICAS QUE AJUDAM A ANDAR DE BICICLETA COM SEGURANÇA, DIVIRTAM-SE COM O JOGO "VAMOS DE BICICLETA!". BOA PEDALADA! GRUPO

MATERIAL

- BICICLETAS DA PÁGINA 7 DO **MATERIAL COMPLEMENTAR**.
- TABULEIRO DAS PÁGINAS 9 E 11 DO **MATERIAL COMPLEMENTAR**.
- UM DADO.

Estúdio Chanceler

COMO JOGAR

1. COLOQUE A SUA BICICLETA NA CASA DO INÍCIO DA TRILHA.
2. DECIDA COM OS COLEGAS A ORDEM DE QUEM "SAI PEDALANDO".
3. JOGUE O DADO E ANDE O NÚMERO DE CASAS INDICADO.
4. VENCE QUEM CHEGAR PRIMEIRO AO PARQUE!

UNIDADE 3

LUGARES E PAISAGENS

DIVULGAÇÃO DO FILME *RIO*, QUE CONTA A HISTÓRIA DE BLU, UMA ARARINHA-AZUL TRAZIDA DOS ESTADOS UNIDOS PARA O RIO DE JANEIRO, ONDE DEVERIA ENCONTRAR UMA FÊMEA PARA TER FILHOTES.

1. COMPLETE A CENA COM OS **ADESIVOS**.
2. DESCREVA A PAISAGEM DA CIDADE REPRESENTADA NA CENA.
3. SOBRE DO QUE TRATA O FILME *RIO*? CONVERSE COM OS COLEGAS.

CAPÍTULO 1

OBSERVANDO PAISAGENS

- COMO É A PAISAGEM DO LUGAR ONDE VOCÊ MORA?
- HÁ MUITOS PRÉDIOS E CASAS?
- HÁ MUITAS ÁRVORES, RIOS OU CACHOEIRAS?

ORAL

1. OBSERVE AS FOTOGRAFIAS.

Sérgio Pedreira/Folhapress

SALVADOR, 2014.

João Prudente/Pulsar Imagens

MONTE SIÃO, 2014.

- ASSINALE A FOTOGRAFIA DO LUGAR ONDE VOCÊ ACHA QUE HÁ ESTES SONS.

BRUUUMM | BI BIIIII | FON FON

2. LEIA O QUE AS CRIANÇAS ESTÃO FALANDO.

Estúdio Chanceler

- PINTE A MOLDURA DAS FOTOGRAFIAS DA PÁGINA ANTERIOR DE ACORDO COM A LEGENDA ABAIXO.

JÚLIA. GUSTAVO.

3. E O LUGAR ONDE ESTÁ A SUA ESCOLA, COMO É? ESCREVA COMO É O ENTORNO E OS SONS QUE VOCÊ ESCUTA.

____

____

____

____

____

____

____

____

O QUE HÁ NA PAISAGEM

4. VEJA A PAISAGEM AO LADO.

- PINTE OS NOMES DO QUE HÁ NA PAISAGEM RETRATADA.

MORRO

ESTRADA

CACHOEIRA

ÁRVORES

CASAS

NUVENS

Ricardo Azoury/Pulsar Imagens

UIRAMUTÃ, 2014.

OS ELEMENTOS DA PAISAGEM RETRATADA SÃO CHAMADOS DE ELEMENTOS NATURAIS.

OS **ELEMENTOS NATURAIS** DA PAISAGEM SÃO AQUELES PRODUZIDOS PELA NATUREZA E NÃO PELAS PESSOAS.

OBSERVE OUTROS ELEMENTOS NATURAIS.

DUNAS, MONTES DE AREIA FORMADOS PELA AÇÃO DO VENTO.

Fotografias: Thinkstock/Getty Images

GELEIRA.

Angelo DeSantis/Moment/Getty Images

VULCÃO.

5. AGORA OBSERVE ESTA FOTOGRAFIA.

Rubens Chaves/Pulsar Imagens

CIDADE DE RECIFE, NO ESTADO DE PERNAMBUCO, 2013.

- NA PAISAGEM ACIMA VEMOS MUITOS ELEMENTOS CONSTRUÍDOS PELAS PESSOAS. FAÇA UMA LISTA DESSES ELEMENTOS.

OS ELEMENTOS DA PAISAGEM QUE FORAM CONSTRUÍDOS PELAS PESSOAS, COMO RUAS E PRÉDIOS, SÃO CHAMADOS DE **ELEMENTOS HUMANOS**.

6. PREENCHA O QUADRO COM OS ELEMENTOS DA PAISAGEM DOS ARREDORES DE SUA ESCOLA.

ELEMENTOS NATURAIS	ELEMENTOS HUMANOS

GENTE QUE FAZ!

PONTOS DE VISTA

A FAMÍLIA DE LUANA COMPROU UM APARTAMENTO EM UM PRÉDIO QUE AINDA SERÁ CONSTRUÍDO. PARA OS FUTUROS MORADORES CONHECEREM A CONSTRUÇÃO, FOI FEITA UMA MAQUETE DO PRÉDIO. OBSERVE.

1 LIGUE AS PESSOAS ÀS IMAGENS QUE ELAS ESTÃO OBSERVANDO.

ilustrações: Estúdio Ampla Arena

2 PINTE OS ELEMENTOS NATURAIS E OS ELEMENTOS HUMANOS REPRESENTADOS NA MAQUETE. USE AS CORES DA LEGENDA.

ELEMENTOS HUMANOS. ELEMENTOS NATURAIS.

ÁRVORE PRÉDIO

RIO CARROS

UMA PAISAGEM, UM OBJETO OU UMA PESSOA PODEM SER REPRESENTADOS OU RETRATADOS DE DIFERENTES **PONTOS DE VISTA**:

- DE CIMA PARA BAIXO.
- DE FRENTE E DE CIMA.
- DE FRENTE.

3 DESTAQUE AS IMAGENS DAS PÁGINAS 3 E 5 DO **MATERIAL COMPLEMENTAR** E, COM UM COLEGA, JOGUE O “JOGO DA MEMÓRIA”. SIGA AS REGRAS QUE O PROFESSOR VAI FALAR. DUPLA

CAPÍTULO 2

AS PAISAGENS MUDAM

VOCÊ SE LEMBRA DE ALGUMA MUDANÇA OCORRIDA NA PAISAGEM DO ENTORNO DE SUA CASA OU DE SUA ESCOLA? ALGUMA CONSTRUÇÃO FOI DERRUBADA? TERRENOS FORAM OCUPADOS? **ORAL**

OBSERVE COMO UMA PAISAGEM MUDOU COM O PASSAR DO TEMPO.

Ilustrações: Zubartez

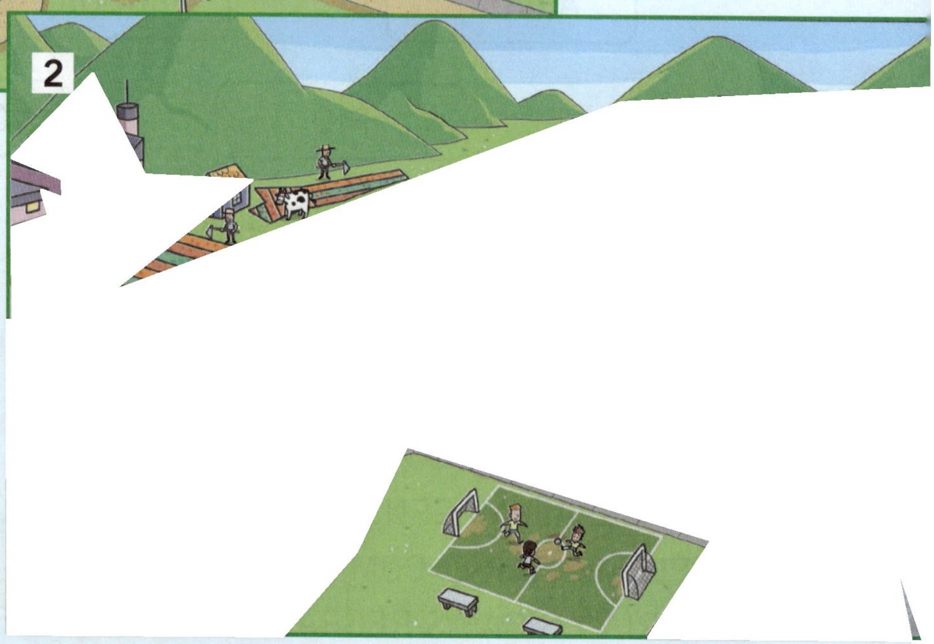

1. COMPLETE COM O NÚMERO DA PAISAGEM ONDE

HÁ MAIS: ELEMENTOS HUMANOS: ____________________

OS ELEMENTOS NATURAIS ESTÃO MAIS VISÍVEIS: ________

2. PRESTE BASTANTE ATENÇÃO NAS PAISAGENS E CIRCULE NA IMAGEM **3** OS ELEMENTOS QUE NÃO FORAM MODIFICADOS.

3. O QUE ACONTECEU COM A FÁBRICA DA PAISAGEM 2 PARA A PAISAGEM 3? **ORAL**

> PARA ATENDER ÀS NECESSIDADES DE MORADIA, ALIMENTAÇÃO, TRANSPORTE, ENTRE OUTRAS, OS SERES HUMANOS MODIFICAM A PAISAGEM.
>
> NESSA MODIFICAÇÃO, MUITAS VEZES, ELEMENTOS NATURAIS SÃO TRANSFORMADOS, SURGINDO OS ELEMENTOS HUMANOS.

4. FALE QUE ELEMENTOS NATURAIS FORAM TRANSFORMADOS E QUE ELEMENTOS HUMANOS SURGIRAM NA PAISAGEM. **ORAL**

5. NA SUA OPINIÃO, A VIDA DOS MORADORES DO LUGAR REPRESENTADO TAMBÉM MUDOU? FALE SOBRE ISSO.

6. OBSERVE ESTAS FOTOGRAFIAS DA CIDADE DE RECIFE.

Ramiro M. Costa & Filhos

Leo Caldas/Pulsar Imagens

- QUAL FOTOGRAFIA É MAIS ANTIGA? POR QUE VOCÊ ACHA ISSO? **ORAL**

7. DESENHE UMA PAISAGEM SOMENTE COM ELEMENTOS NATURAIS. DEPOIS FAÇA A MESMA PAISAGEM COLOCANDO ALGUNS ELEMENTOS HUMANOS.

8. CONVERSE COM PESSOAS QUE MORAM HÁ BASTANTE TEMPO NO LUGAR ONDE VOCÊ VIVE. PERGUNTE QUE MUDANÇAS ACONTECERAM NA PAISAGEM AO LONGO DO TEMPO. FAÇA UM DESENHO PARA MOSTRAR O QUE VOCÊ DESCOBRIU.

ATIVIDADES

1. PREENCHA A CRUZADINHA DE ACORDO COM A FIGURA.

- AGORA PINTE AS PALAVRAS DA CRUZADINHA DE ACORDO COM A LEGENDA.

ELEMENTOS HUMANOS ELEMENTOS NATURAIS

2. EXPLIQUE COM SUAS PALAVRAS:

A) O QUE SÃO ELEMENTOS NATURAIS?

____

____

B) O QUE SÃO ELEMENTOS HUMANOS?

____

____

3. LIGUE CADA FIGURA AO SEU PONTO DE VISTA.

Estúdio Chanceler

DE CIMA PARA BAIXO | DE FRENTE | DE FRENTE E DE CIMA

AMPLIANDO HORIZONTES...

LIVRO

AS COISAS VISTAS DE CIMA, DE FÁBIO YABU E OLIVIA MUNIZ, PUBLIFOLHA.

ESSE É UM LIVRO DIVERTIDO ONDE HÁ COISAS QUE NÃO PARECEM SER O QUE SÃO QUANDO VISTAS DE UM PONTO DE VISTA COM QUE NÃO ESTAMOS ACOSTUMADOS.

FILME

UP — ALTAS AVENTURAS, DIREÇÃO DE PETE DOCTER. ESTADOS UNIDOS.

NESSE FILME, AS PERSONAGENS VIAJAM NUMA CASA CARREGADA POR BALÕES, VIVENDO GRANDES AVENTURAS.

rede de ideias

PINTANDO A PAISAGEM

HÁ MUITOS ARTISTAS QUE PINTAM O LUGAR ONDE VIVEM, REPRESENTANDO SEUS SENTIMENTOS OU LEMBRANÇAS. OBSERVE ESTAS DUAS OBRAS DE ARTE.

Ana Maria Dias. Esconde-esconde, 2014/Galeria Jacques Ardies

ESCONDE-ESCONDE, DE ANA MARIA DIAS. ACRÍLICO SOBRE TELA. COLEÇÃO PARTICULAR.

1. QUE LEMBRANÇAS A ARTISTA TEM DO LUGAR ONDE NASCEU E VIVEU SUA INFÂNCIA?

ANA MARIA DIAS.

SOBRE A ARTISTA

ANA MARIA DIAS NASCEU NO ANO DE 1950 EM PORTO FELIZ, UMA CIDADE DO ESTADO DE SÃO PAULO. ELA GOSTA DE PINTAR AS LEMBRANÇAS QUE TEM DA SUA INFÂNCIA, COMO AS FAZENDAS, AS BRINCADEIRAS, AS PESSOAS NO SEU DIA A DIA, OS ANIMAIS E OS MEIOS DE TRANSPORTE.

FONTE: GALERIA JACQUES ARDIES. DISPONÍVEL EM: <WWW.ARDIES.COM/ARTISTAS/PINTURAS/ANA_MARIA_DIAS.HTML>. ACESSO EM: JANEIRO DE 2015.

Ana Maria Dias. O sorveteiro, 2012/Galeria Jacques Ardies

O SORVETEIRO, DE ANA MARIA DIAS. ACRÍLICO SOBRE TELA. COLEÇÃO PARTICULAR.

2 COMO ERA O LUGAR ONDE ELA MORAVA?

____

____

____

3 AGORA OBSERVE A OBRA DE OUTRA ARTISTA QUE TAMBÉM REPRESENTOU O LUGAR ONDE NASCEU.

Helena Coelho. Sábado na Praia Vermelha, 2011/Galeria Jacques Ardies

SÁBADO NA PRAIA VERMELHA, DE HELENA COELHO. ÓLEO SOBRE TELA. COLEÇÃO PARTICULAR.

Galeria Jacques Ardies

HELENA COELHO.

■ AGORA VOCÊ É O ARTISTA!

A) EM UMA FOLHA À PARTE, REPRESENTE O LUGAR ONDE MORA OU ONDE JÁ MOROU.

B) NA SALA DE AULA, EXPONHA SUA PRODUÇÃO PARA QUE OS COLEGAS POSSAM APRECIAR. ANOTE ABAIXO AS ORIENTAÇÕES PARA A EXPOSIÇÃO:

- LOCAL: ____________________
- DATA: ____________________
- HORÁRIO: ____________________

C) CRIE UMA LEGENDA COM O TÍTULO DA SUA OBRA DE ARTE.

Maíra Rosa Carnevalle
Leylah de Carvalhaes
Regina Nogueira Borella
Angela Rama
Marcelo Moraes Paula

1

Ligados.com

Ciências, História e Geografia

Material Complementar

Editora Saraiva

GEOGRAFIA – UNIDADE 3 – PÁGINA 151 – ATIVIDADE 3

Dawidson França

DE CIMA PARA BAIXO.

Dawidson França

DE FRENTE.

Hagaquezart estúdio

DE FRENTE.

Hagaquezart estúdio

DE CIMA PARA BAIXO.

Dawidson França

DE FRENTE.

Dawidson França

DE CIMA PARA BAIXO.

■ GEOGRAFIA – UNIDADE 3 – PÁGINA 151 – ATIVIDADE 3

Paulo Manzi

DE FRENTE E DE CIMA.

Paulo Manzi

DE CIMA PARA BAIXO.

Jótah

DE FRENTE E DE CIMA.

Jótah

DE CIMA PARA BAIXO.

Thinkstock/Getty Images

DE FRENTE.

Tor Eigeland/Alamy/Latinstock

DE CIMA PARA BAIXO.

■ GEOGRAFIA – UNIDADE 2 – PÁGINA 142 – ATIVIDADE 1

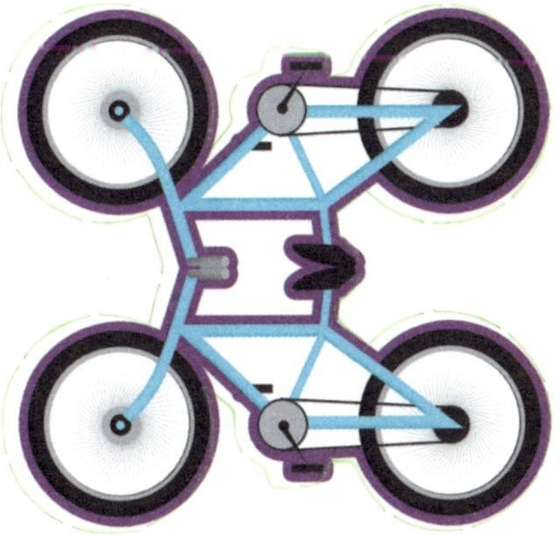

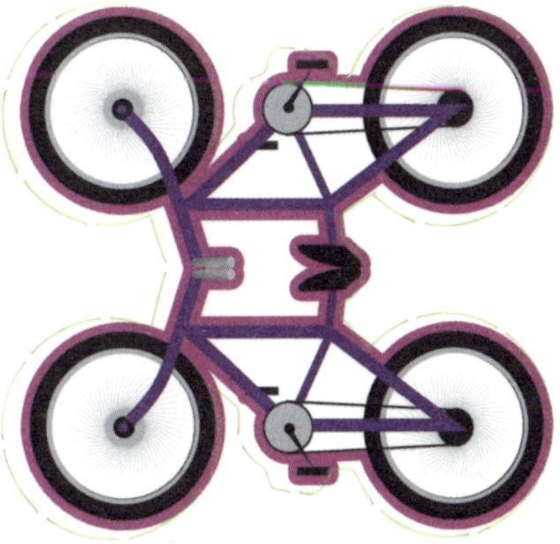

Dawidson França

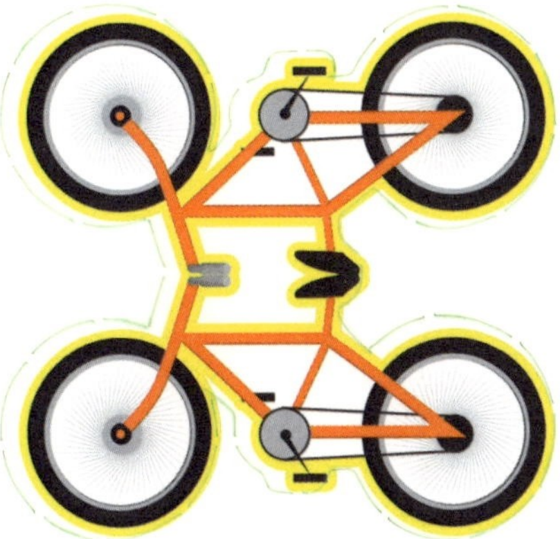

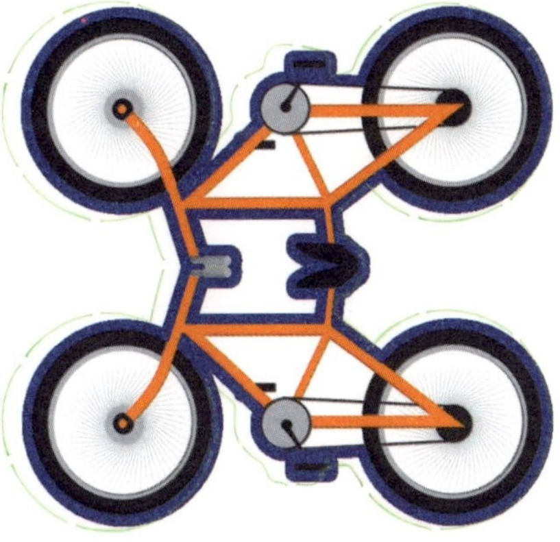

GEOGRAFIA – UNIDADE 2 – PÁGINA 142 – ATIVIDADE 1

Dawidson França

COLE AQUI

■ HISTÓRIA – UNIDADE 3 – PÁGINA 110 – ATIVIDADE 3

Delfim Martins/Pulsar Images

Ricardo Breda/Abril Comunicações S/A

Lucas Lacaz Ruiz/Folhapress

Rafael Andrade/Folhapress

■ HISTÓRIA – UNIDADE 3 – PÁGINA 105 – ATIVIDADE 4

FALE O NOME DE TRÊS PROFISSÕES E AVANCE TRÊS CASAS.

QUAL DESTES PRODUTOS VAI DO CAMPO PARA A FEIRA?
FOGÃO, BETERRABA OU LÁPIS?
ANDE 2 CASAS.
RESPOSTA: BETERRABA.

OS ÓCULOS PARA PESSOAS MÍOPES SEMPRE EXISTIRAM.
ESSA AFIRMAÇÃO É FALSA OU VERDADEIRA?
ANDE DUAS CASAS.
RESPOSTA: FALSA.

PAULO VAI VISITAR SEUS AVÓS EM UMA CIDADE MUITO DISTANTE. SUGIRA UM MEIO DE TRANSPORTE QUE ELE POSSA USAR.
AVANCE 3 CASAS.
RESPOSTAS POSSÍVEIS: AVIÃO, CARRO, NAVIO, ÔNIBUS, TREM.

HISTÓRIA – UNIDADE 3 – PÁGINA 105 – ATIVIDADE 4

PARA CONTRIBUIR COM A PRESERVAÇÃO DO MUNDO EM QUE VIVEMOS, AS EMBALAGENS DOS PRODUTOS QUE USAMOS DEVEM:

A) SER QUEIMADAS.

B) SER SEPARADAS.

C) SER GUARDADAS.

ANDE 3 CASAS.

RESPOSTA: SER SEPARADAS.

LAURA QUER COMPRAR CADERNOS. EM QUE TIPO DE COMÉRCIO ELA ENCONTRA ESSA MERCADORIA?

A) BANCA DE JORNAL.

B) SAPATARIA.

C) PAPELARIA.

RESPONDA E AVANCE DUAS CASAS.

RESPOSTA: PAPELARIA.

FALE O NOME DE UM MEIO DE TRANSPORTE USADO PARA LEVAR MERCADORIAS. JOGUE NOVAMENTE O DADO E AVANCE.

RESPOSTAS POSSÍVEIS: CAMINHÃO, NAVIO, AVIÃO.

COMO SE CHAMA O COMÉRCIO QUE ACONTECE NAS RUAS EM DETERMINADO DIA DA SEMANA? JOGUE NOVAMENTE O DADO E AVANCE.

RESPOSTA: FEIRA OU FEIRA LIVRE.

HISTÓRIA – UNIDADE 3 – PÁGINA 105 – ATIVIDADE 4

COLE AQUI

Dawdison França

■ HISTÓRIA – UNIDADE 3 – PÁGINA 105 – ATIVIDADE 4

Dawdison França

■ HISTÓRIA – UNIDADE 2 – PÁGINA 89 – ATIVIDADE 2

ANTIGA.

BRINCADEIRA

A RODA

É UMA

HISTÓRIA – UNIDADE 3 – PÁGINA 100 – ATIVIDADE 1

Thinkstock/Getty Images

Thinkstock/Getty Images

Thinkstock/Getty Images

Thinkstock/Getty Images

HISTÓRIA – UNIDADE 2 – PÁGINA 88 – ATIVIDADE 2

FICHA DE ENTREVISTA

1. QUAL É O SEU NOME?

____

2. QUAL É A SUA IDADE?

____

3. QUAL FOI A SUA BRINCADEIRA PREFERIDA QUANDO ERA CRIANÇA?

____

4. QUAL É O BRINQUEDO DE QUE VOCÊ MAIS GOSTAVA?

____

5. VOCÊ SABE O QUE É BILBOQUÊ? EXPLIQUE SUA RESPOSTA.

____

____

NOME DO ALUNO: _______________

DATA: _______________

TURMA: _______________

■ HISTÓRIA – UNIDADE 2 – PÁGINA 87 – ATIVIDADE 1

BRINQUEDOS ANTIGOS E ATUAIS	
BRINQUEDO MODERNO	
BRINQUEDO ANTIGO USADO ATÉ OS DIAS DE HOJE	
BRINQUEDO ANTIGO QUE NÃO É COMUM NOS DIAS DE HOJE	

■ HISTÓRIA – UNIDADE 1 – PÁGINA 77 – ATIVIDADE 2

SEU NOME		NOME DO(A) COLEGA	
NÚMERO DE FAMILIARES QUE MORAM NA SUA CASA		NÚMERO DE FAMILIARES QUE MORAM NA CASA DELE(A)	
PARENTE MAIS VELHO QUE MORA COM VOCÊ		PARENTE MAIS VELHO QUE MORA COM ELE(A)	
ATIVIDADE QUE VOCÊ COSTUMA REALIZAR COM A FAMÍLIA		ATIVIDADE QUE ELE(A) COSTUMA REALIZAR COM A FAMÍLIA	

■ CIÊNCIAS – UNIDADE 1 – PÁGINA 17 – ATIVIDADE 3

Gerson Gerloff/Pulsar Imagens

MUNICÍPIO DE SILVEIRA MARTINS, 2014.

Fabio Colombini

PARQUE ESTADUAL DA SERRA DO MAR, NO ESTADO DE SÃO PAULO, EM 2014.

Adesivos

▪ CIÊNCIAS – UNIDADE 1 – PÁGINA 20 – ATIVIDADE 1

NG Collection/Interfoto/Latinstock

▪ HISTÓRIA – UNIDADE 1 – PÁGINA 75 – ATIVIDADE 1

Ilustrações: Estúdio Chanceler

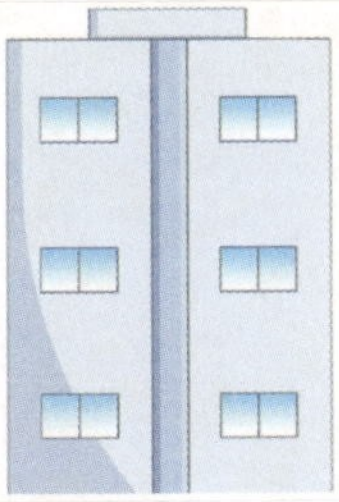

▪ HISTÓRIA – UNIDADE 1 – PÁGINA 77 – ATIVIDADE 1

CRIANÇAS	CASA	FAMÍLIA

HISTÓRIA – UNIDADE 2 – PÁGINA 84 – ATIVIDADE 2

Thinkstock/Getty Images

Thinkstock/Getty Images

HISTÓRIA – UNIDADE 2 – PÁGINA 87 – ATIVIDADE 1

Ilustrações: Vanessa Alexandre

GEOGRAFIA – UNIDADE 1 – PÁGINAS 112 E 113 – ABERTURA DE UNIDADE

Ilustrações: Estúdio Chanceler

■ GEOGRAFIA – UNIDADE 2 – PÁGINA 131 – ATIVIDADE 3

Petra Elster

CASA.

NID Arts

HOSPITAL.

Estúdio Chanceler

PRÉDIO DE APARTAMENTOS.

Wilson Jorge Filho

PRAÇA.

Eduardo Medeiros

LOJA.

Estúdio Chanceler

MERCADO.

▪ GEOGRAFIA – UNIDADE 2 – PÁGINA 131 – ATIVIDADE 3

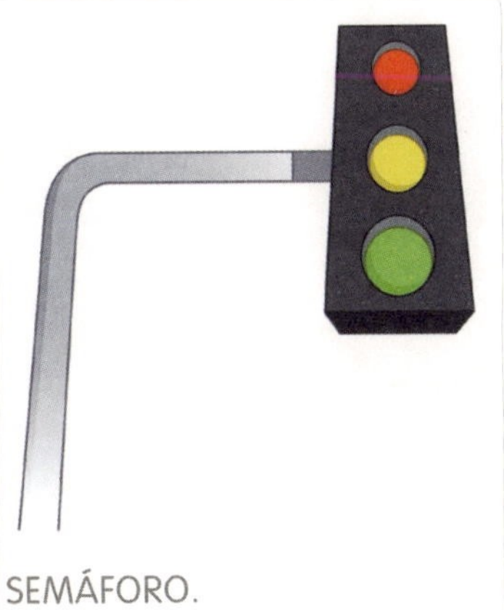

Estúdio Chanceler

SEMÁFORO.

Vagner de Faria

IGREJA.

▪ GEOGRAFIA – UNIDADE 3 – PÁGINA 145 – ABERTURA DE UNIDADE

Rio. Direção: Carlos Saldanha. 20TH Century Fox/Blue Sky Studios, 2011.